ビートルズが教えてくれた

田家秀樹［著］

［題字］岡本おさみ

JN173155

αβ BOOKS
アルファベータブックス

凡　例

一、本書は、２０１２年12月から２０１３年6月まで続いた西日本新聞の連載「ビートルズが教えてくれた」（田家秀樹）の書籍化である。よって本文中の、登場人物の年齢や肩書き、年月日等は、連載当時のものを記載している。

一、曲名、アルバム名、書籍、雑誌、映画、テレビ、ラジオ番組等、作品のタイトルは『　』で示した。

一、レコード・ＣＤ等の発売元の会社名は、発売当時のもの（海外アーティストの作品については日本における発売元）を記載した。

一、本書に掲載されているＣＤ、レコード等のジャケット画像の著作権は、著作権法第10条に基づき、その商品、作品等に記載されている原著作者に帰属する。それを踏まえた上で、本書への掲載は著作権法第32条の「著作権の制限規定」として定められた法律に則うものであると理解し、ＣＤ、レコード等のジャケット画像を掲載しているものである。

書籍版への「まえがき」

本文のプロローグにも書いたのだが、西日本新聞の文化部からビートルズに関する連載を打診されたのは、デビュー50周年を迎える2012年の秋だった。

ただ、その時は「荷が重いと思います」と一旦はお断りしていた。なぜなら、日本はビートルズ研究に関しては世界のどこよりもレベルが高い。メンバーがいつ、どこで何をしたのか、それぞれの曲やアルバムがどんな風に出来上がってきたのか、細部に渡った研究書も多い。同じ時代を生きた音楽ファンとして一通りは聴いてきましたというような次元で太刀打ちできる相手ではないことは自明の理だった。

その旨を伝えた時に言われたのは、そういうことではなくて、テーマは日本なんです、ということだった。

ビートルズは日本でどう受け止められてきたのか。

彼らがデビューした1962年、日本はようやく高度成長期の入口に差し掛かったばかりだ。最初の東京オリンピックすら行われていない。東海道新幹線はもとより高速道路も開通していない。海外旅行など夢のまた夢、海外の音楽事情を知る術もない。そんな時代の音楽関係者に、彼らはどう紹介されたのか。そして、聴き手だった若者たちはどう感じたのか。特に、その後の日本の新しい音楽の担い手となっていった人たちは、どんな影響を受けたのか。

デビュー当時だけではない。

それ以降、あたかもバトンタッチされるかのように時を超えて何世代にも渡って聴き続けられ、歌い継がれているのはなぜなのかをたどってくれないか、というのが連載の趣旨だった。

日本の大衆音楽は、60年代に二つの革命を経験している。

一つは〝バンド〟である。

もちろん、それまでもバンドは存在した。ジャズ、カントリー、そしてハワイアン。いくつもの楽器編成によって生まれてくる音楽。それぞれのジャンルに特有のバンドがあった。歌謡曲の作曲家にも、そうしたバンドを経験している〝洋楽〟出身者が多いことを忘れてはいけない。

ただ、ビートルズはそうした従来のバンドとは決定的に違うことがいくつもあった。

例えば、メンバーの平等性である。全員が対等な関係で成り立っている。スターはメインで歌っているヴォーカリストで、他のメンバーはバックミュージシャンという関係ではない。それぞれが個性を持ち、それがバンドの魅力になっている。ファンによってひいきのメンバーが変わってくる。それは、関係性の革命と言ってよかった。

60年代に起きたもう一つの革命。それが〝自作自演〟だった。作詞家、作曲家、歌手が、それぞれ分業が当たり前だった時代にはなかった〝自分の歌〟。まだ、そんな言葉もなかったが〝シンガーソングライター〟の登場である。ビートルズは、自分たちで作品を書くバンドだった。つまり、その二つを持ち合わせていた。

それが彼らの革命性だった——。

というようなことを筆者も含めて、誰もが認識するようになったのは、かなり後だ。少なくとも現役当時に、そこまで見通していた人がいただろうか。

ビートルズが、史上例のない存在であることは、そうした評価のされ方にもある。

現役だった時代よりも後世の方が評価が高い。むしろ時が経つほどに評価が高まってゆく。その時代を反映している反面、時の流れとともに消えてゆくのが宿命ともいえるポップミュージックの歴史の上でも例外中の例外ではないだろうか。

そんな評価の連鎖を生み出していった継承者の中に、この連載に登場する人たちがいる。

顔触れの中に九州出身者が多いのは、媒体が福岡に拠点を置く西日本新聞だったからであることは言うまでもない。

今年はデビュー55周年。
何がどんな風に伝わってきたのか。
この本が、少しでも理解の助けになればと思う。

目次

書籍版への「まえがき」 03
プロローグ 11
彼らの音楽に何を聴き何を見てきたのか
I 財津和夫 15
一瞬にして虜になった／衝撃だった〝無秩序〟／教科書通りじゃない！／「中期以降」に惹かれて／1曲に16時間かけて／みんな君たちのせいさ
II 草野浩二 31
カバーできない別モノ／日本語が似合わない！
III 東京ビートルズ 37
米兵の手で運ばれて／はっぴいえんどの先輩
IV 高嶋弘之 43
社会現象作っちゃえ／あの手この手の大作戦／格の違いはハーモニー／〝信長〟のバカヤロー
V 井上陽水 55
リバプールは遠すぎる／〝音楽に選ばれた〟人／地球の裏側にいた同志／部屋にギターはなかった／触発され、自分の世界を／一人で延々歌っていた
VI フォークル 71
自由な〝電車ごっこ〟／大人は判ってくれない
VII 横尾忠則 77
1967年のラブ&ピース

VIII 浜田哲生 81
何でも見てやろう！／書を捨てよ　町へ出よう／まずは「家出のすすめ」／リンゴの家よ永遠に

IX 石坂敬一 92
4人はアイドル！

X 岡本おさみ 96
女王陛下はいい女／日陰を好んでいては…／もっと陽気でもいい

XI CHAGE＆ASKA 105
まるで親戚のように／新しくなく懐かしい歌／あれが機材の乗った船／譜面台なんて言語道断／真似できない自由さに／リバプールで落書きを／〝史上最大の作戦〟だ！／音楽は国境を超える／世界に触れた握手から／一度立ち止まり、次へ

XII 高橋まこと 132
タイガースに負けてる／全部彼女が駄目にした？／みんなで見る夢は、現実／めんたいロックに続け！／マジでバンドやろうぜ！／「プロもアマもないよ」

XIII 斉藤和義 149
66年6月22日生まれ／世の中の音楽の7割を傘がないわけじゃない／思ったことを形にして／薄着では笑えない現実／これからもヨロチクビー

XIV ラブ・サイケデリコ 166
教科書デビューしても／ドンと入って来ちゃう／〝イエス〟というロック／バッハより身近で偉大／神話になりたくない！／最後に愛にたどり着く

XV 斉藤早苗 183
英語が分からないから／エルビスにはないもの／100回でも200回でも

XVI flumpool 192
父母が叔父が友達が／そして聖地に向かう／イマジンの流れる部屋で／4人だからこそ楽しい

XVII TAKURO 203
これで部活辞めました／博多なら博多の音を／神様のお告げで変更／センチメンタルな不良／ヒットしてGoodか？／夢を叶えてしまった後／夢も挫折も成功も失敗も

エピローグ――私のジョン・レノン 222
俺はジョン 君はヨーコ／I WEST 72 STREET NY／レノン・シンドローム／ただ星空があるだけ／彼らの音楽からまだまだ学び続けられる

書籍版への「あとがき」 236
ビートルズと日本の音楽シーンの変遷史 239

プロローグ

彼らの音楽に何を聴き何を見てきたのか

今から始めようとしている連載のテーマはかなり古い話になるのかもしれない。何しろ50年前、つまり半世紀前だ。

まだ新幹線も走っていないのはもちろんのことテレビは普及し始めたばかりで、携帯電話どころか、ほとんどの家庭には電話すら引かれていなかった。今の若者たちには想像もつかない生活が営まれていた。

でも、彼らについての記憶は必ずしもそんな懐古的な情景に埋もれてしまっているわけではない。

むしろ彼らの音楽はそうした日常生活とは切り離された沸き立つような感情や忘れかけていたみずみずしい感覚を呼び覚ましてくれるはずだ。50年経った今でも輝きを失わず、時を超えた生命力と影響力を持ち続けている。

1962年10月5日、イギリスで一組のバンドがデビューした。ジョン・レノン、ポール・マッカートニー、ジョージ・ハリスン、リンゴ・スター。きのこのような奇妙なヘアスタイルをした４人組の名前はザ・ビートルズ。その時のシングル盤は『ラヴ・ミー・ドゥ』と『P.S. アイ・ラヴ・ユー』の2曲入りだった。

でも、そのシングルは日本ではリアルタイムには発売されていない。翌63年にイギリスで出たシングル４枚とアルバム2枚もだ。

日本でのデビューは64年2月、イギリスでの５枚目のシングル『抱きしめたい』まで待たなければいけなかった。

今でこそ教科書にも載り、知らない人のいないビートルズも、その時はその程度の存在だった。イギリスは遙《はる》かに遠い国だった。

彼らのデビューから50年後の２０１２年12月８日、東京の日本武道館でビートルズのメンバーだったひとりジョン・レノンを称《たた》えるコンサート「ドリーム・パワー・ジョン・レノン スーパー・ライヴ」が行われた。

１９８０年のその日に自宅のあるニューヨークで凶弾に倒れた彼のことを、残された曲を演奏することで想い続けようというトリビュートコンサートは今年（２０１２年）で12回目を数えた。

参加したのはすでに９回目となる奥田民生、８回目の吉井和哉、ラブ・サイケデリコ、６回目の斉藤和義らの常連メンバーを筆頭に、２回目の絢香、初参加の宮田和弥、ＴＨＥ ＨＵＭＡＮ ＢＥＡＴＳ、藤巻亮太、ｆｌｕｍｐｏｏｌ、杏、松下奈緒、ボウディーズのＲＯＹ。朗読で参加した江口洋介、そしてジョンの息子、ショーン・レノンら、世代もジャンルも超えたミュージシャンたち。その中心にジョン・レノン夫人のオノ・ヨーコがいた。

彼らが歌ったのは延べ27曲。そのうち13曲がジョン・レノンがビートルズ時代に書いた曲だった。

張り裂けそうな思いを叫びに変えたロックンロールから人はこんなにも優しい気持ちになれるのかと思わせるラブソング、戦争の絶えない世界に向けた祈りや願い。この50年間、様々《さまざま》なアーティストがロックやポップ・ミュージックに託してきたあらゆる感情がそこにあった。

ザ・ビートルズは71年には解散し、それぞれがソロになった。でも、彼らが残してきた作品や彼ら自身の足跡は、そうやって次の世代に受け継がれながら新しい聴き手を獲得している。

ビートルズ50周年にちなんだ連載を――。

そんな打診があった時、率直に言って手に余ると思った。ビートルズ自体に関しての研究書はすでに膨大に存在するからだ。

筆者は１９４６年生まれ。ビートルズに出会ったのは高校生の時だ。人生の節目に彼らの音楽があったのは確かなものの、マニアとはほど遠い。

これから書こうとしているのは日本でのことだ。

彼らの音楽は、なぜ、そんな風に生き続けているのか。その時代の日本の若者達は、彼らの音楽に何を聴き、何を見てきたのか。ある意味ではこの50年の日本の若者文化史、音楽文化論ということになるのかもしれない。

すでに取材は進んでいる。1930年代生まれから80年代生まれのアーティスト、その時代の関係者たち。彼らはビートルズから何を学び、何を教えられたのか。

タイトルになった「ビートルズが教えてくれた」というのは、73年に吉田拓郎が歌った曲の題名である。その曲の作詞をした作詞家の岡本おさみ氏にも話を聞いた。趣旨に快諾して彼が書いてくれたのがこの連載の題字だ。

何はともあれ、話を60年代に戻そう。最初に登場するのは福岡が生んだ偉大なるビートルズ・チルドレン、財津和夫である。

I 財津和夫 Kazuo Zaitsu

僕らが「ビートルズっぽいね」という印象を最初に持ったアルバムがチューリップの72年の1枚目のアルバム『魔法の黄色い靴』だろう。初期のロックンロールとは違うビートルズ色は新鮮だった。財津和夫は1948年、福岡生まれ。チューリップは福岡のビートルズ好きを集めたバンドだった。3作目の『心の旅』、その後も『青春の影』『虹とスニーカーの頃』等ヒット作を発表。70年代・80年代を代表するバンドになった。89年に一旦は解散したものの、今も活動を続けている。

一瞬にして虜になった

「高校2年生の時ですね。ある日、いつものように昼過ぎまでダラダラ寝ていたら、母親に『髪の長い4人組の人達が歌うと、女の子が失神するらしいばい』ってたたき起こされたんです。起きてみたらテレビでビートルズをやってた。それが最初だったと思います」

チューリップの財津和夫はビートルズとの出逢いについてそう言った。昼過ぎまで寝ていたというのだから休日だったのだろう。彼は「何月頃だったかまでは覚えていない」と言う。

ビートルズが日本でデビューしたのは１９６４年2月。シングル盤『抱きしめたい』だった。１週間と経たないうちに2枚目の『プリーズ・プリーズ・ミー』が出た。イギリスから遅れること1年４ヶ月後だ。

アメリカでは前年の63年12月26日にメジャーレーベルからのデビュー曲『抱きしめたい』が発売。４月には、全米チャートの1位から5位までを史上初めて独占するという空前の爆発的な人気となった。

日本でもその勢いに煽《あお》られるように4月には、シングル盤3枚とアルバムが発売。本格的に上陸した。財津和夫の母親がテレビで見たのは、その頃と推測して良さそうだ。

「でも、その時は、うるさい音楽だなあ、という感じで、そんなにピンとは来なかったんですよ。その後に見た映画『ビートルズがやって来る ヤァ！ヤァ！ヤァ！』からですね。一辺倒になってしまったのは」

ビートルズの衝撃に映画を挙げる人は少なくない。コンサートはもちろんのこと、ビデオもインターネットもない時代に海外のアーティストの動く姿を見る機会は映画くらいしかなかった。

ザ・ビートルズ『抱きしめたい／こいつ』（東芝音楽工業）

ザ・ビートルズ『プリーズ・プリーズ・ミー／アスク・ミー・ホワイ』（東芝音楽工業）

彼らの主演映画『ビートルズがやって来るヤァ！ヤァ！ヤァ！』が日本で公開されたのは64年の8月だ。財津和夫は、その映画を福岡の天神にあった〝センターシネマ〟で見た。

東京の公開は銀座の松竹セントラルだった。女子中高生が館内を占拠したかのように朝から夕まで居続けたままスクリーンに向かって嬌声《きょうせい》を上げるという光景は、何度となくニュースでも紹介されていた。

「福岡も同じでしたよ。ビートルズを見に行くというより、女の子でムンムンしてるらしい。その中に混じろうという男の欲望が先行する男子集団の中の一人が僕でした。でも、映画が始まった瞬間に虜《とりこ》になってしまった。ショックでした」

映画『ビートルズがやって来るヤァ！ヤァ！ヤァ！』は、白黒のスタンダードサイズ。低予算映画の典型のようなスクリーンは、オープニングに流れるタイトル曲『ア・ハード・デイズ・ナイト』の〝ジャーン〟というイントロのギターの音とファンに追われてこちらに向かって走ってくる4人の姿で一変する。

「それまで見ていた映画とは全くテイストが違ったんですね。常識外れで乾燥してて尖《とが》ってる。しかも曲が良い。ビートルズはうるさいバンド、というイメージがあったんですが、『アンド・アイ・ラブ・ハー』みたいなガットギターを使う曲もある。こういう曲もやるんだと思って、その日から夢中になりましたね」

ザ・ビートルズ
『ビートルズがやって来るヤァ！ヤァ！ヤァ！／今日の誓い』サウンドトラック盤（東芝音楽工業）

彼をそこまでにさせたものは何だったんだろうか。
彼は「無秩序」でしょうね、と言った。

衝撃だった〝無秩序〟

ビートルズが日本に与えた衝撃の契機のひとつが映画『ビートルズがやって来るヤァ！ヤァ！ヤァ！』だったとしたら、もうひとつが来日公演だろう。

1966年6月29日、午前3時50分、ビートルズの4人は東京羽田空港に到着した。その翌日、30日、7月1日、2日、彼らは千代田区の日本武道館のステージに立った。昼間の公演も含め計5回公演。東京オリンピックの時に作られた武道館がコンサートに使われたのはこれが初めてだった。

福岡の浪人生だった財津和夫は、夜行列車に乗って武道館に向かっている。

「東京の大学に行ってる文通友達の女の子が、財津君、ビートルズ好きだったよね、チケットが手に入ったから送るから見に行ったら、と言ってくれたんです。それが初めての東京でした」

この時のチケット料金は、A席2100円、B席1800円、C席1500円。大卒国家公務員の初任給が2万2〜3千円の時代に決して安いとは言えない。

しかも、チケットは申込みハガキとスポンサーのライオン歯磨(現ライオン)の商品購入などによる応募者28万通からの抽選だった。

「席はずっと上の方で、豆粒大のビートルズだったんですけど、嬉《うれ》しかったですよ。どんなに遠くて小さくても目の前で聴いているような気になりましたからね」

ビートルズ日本公演は〝狂騒曲〟としても語りぐさになっている。

その最たるものが、政治評論家小汀利得《おばまとしえ》と細川隆元のTBS系テレビ番組『時事放談』だった。

二人は長髪のビートルズを〝ロンドン乞食〟と呼び、〝エレキギターをガーガー鳴らして騒々しいだけの人類進歩の邪魔者〟と決めつけ、〝伝統文化の殿堂・武道館を使わせるなど何事か〟と苦言を呈した。5月の放送以降、週刊誌の見出しには〝くたばれビートルズ〟という文字が並んだ。

エレキギターは不良——。

そんな時代を象徴する武道館公演は、のべ8370人の警官によって警備され、羽田空港や宿泊ホテル、武道館周辺で6520人の少年少女が補導されている。評論家の竹中労はそんな警備体制を「70年安保の予行演習」として批判していた。参加禁止を通達した高校も多かった。

「機動隊は武道館を360度囲んでましたし、一杯いました。ただ、アメリカのツアーとかでもそうだと聞いてて、そういうものだろうなと思ってましたから。押し寄せたりもしないし、むしろ整然と何事もなく聴いてるな。やっぱり日本人はそうなんだと思いました」

彼は「この話は何度もしてますけど」と言いながら、その日のもうひとつの感想を口にした。

「となりにいた同世代の男の子が立ち上がって胸からハンカチを出して振ったんですよ。彼はデッキシューズでヨットパーカー。僕は、白いシャツに黒いズボン。足元は下駄《げた》です。靴を持っていなかった。すごかとこやね、東京はって、ビートルズと同じくらいにショックでしたね」

翌年、西南学院大に入学した彼は、すぐにバンドに向かう。

衝撃的だった〝無秩序〟を形にするために、だ。

教科書通りじゃない！

「生意気にも高校2年の予餞《よせん》会で吉田と二人でオリジナルをやりました。自分で作って歌うというのは、ビートルズから学んだことですね」

今年（2012年）がデビュー40周年になるチューリップの財津和夫は、自分の音楽の原点についてそう言った。1965年の春のことだ。天神のセンターシネマで『ビートルズがやって来るヤァ!ヤァ!ヤァ!』を見て衝撃を受けてから約半年後のことだった。〝吉田〟というのは、チューリップのオリジナルメンバーとなったベースの吉田彰である。

「学内でバンドのメンバー募集をかけたんですけど、全く反応がなかった。結局、吉田は進学して僕は浪人で一人残されたんですが、やっぱりバンドをやりたいと彼を追いかけるように同じ大学に入ってバンドを始めたんです。でも、ビートルズを意識したバンドをやりたいと言っても誰にも理解されなかったですね」

60年代後半の日本の音楽シーンには、二つの新しい潮流が台頭していた。

一つは、ビートルズ来日が火を付けた〝GS〟と呼ばれるバンド・ブームである。

もう一つは、モダンフォークと呼ばれる音楽だった。アメリカの大学生の間で始まった埋もれた民謡の再発見。キングストン・トリオや通称PPMと呼ばれる三人組、ピーター・ポール&マリーら。いずれも生ギターが主体の音楽だ。彼らに影響されて日本でも広まったのがフォークソングである。中でもザ・フォーク・クルセダーズや岡林信康らを中心にしたメッセージ色の強い〝関西フォーク〟は若者の音楽の主流になっていた。

「大学にもそういうグループばかり。ビートルズはつまらない音楽をやるバンドとしか思われてなかった。確かに生い立ちはそうじゃないですか。リバプールの不良、チンピラからのし上がってきたわけですし。大学生のインテリバンドじゃなかった」

財津和夫は、69年にチューリップでデビューする前に吉田彰とともにフォー・シンガーズというグループでヤマハ・ライト・ミュージック・コンテストに出場している。エレキ・ギターのバンドではない。アコースティックなコーラスグループだ。結果は6位入賞。1位は赤い鳥で2位はオフコースだった。

「相手が悪かった、とも言えます(笑)。これじゃ駄目だ。全国で通用するビートルズのようなバンドをと思って離合集散を繰り返しながら作ったのがチューリップでした。でも、福岡は関西フォークが主流でメンバーがいなかった」

理解されなかった、少数派だった。彼の話には何度となくそんな言葉が登場する。

ギターの安部俊幸がいたバンド〝ハーズマン〟は「カントリーばっかりやってるバンド」。キーボードの姫野達也の二人組〝ライラック〟も「サイモン&ガーファンクルをやってました」。ビートルズが好きそうなヤツはいないか。噂《うわさ》や情報を頼りに一人ずつ口説いてゆく。

チューップはビートルズに刺激されてゼロから始めたバンドだった。

「ビートルズは全てが教科書通りじゃないんですね。メロディーとかハーモニーとか、予想外の展開だし。無秩序なんです。音の力、音の無秩序。それがビートルズのすごさであり魂ごと奪われてしまった理由なんだと思います」

「中期以降」に惹かれて

ビートルズは1962年10月のデビューから1971年の解散まで、活動は延べ9年間。しかし、70年の4月にポール・マッカートニーがバンド脱退を発表。その年の6月に最後のアルバム『レット・イット・ビー』が発売になった時には、すでに実体としては存在していなかった。実質の活動は63年から69年までの7年間ということになる。

その間に彼らはいくつもの劇的な変化を遂げている。怖い物知らずの衝動に奔放に身を任せているような初期、インドの楽器やクラシック、サイケデリック音楽にも接近、実験的な要素を増して行く中期、アルバム全体が内省感を持った一枚の作品になってゆく後期。彼らに影響を受けた人達の中にも、どこの時期に惹かれたかということでその現れ方も変わってくる。

財津和夫はチューリップについて「僕らは中期以降の曲の影響を大きく受けてますよね」と言った。

彼が福岡のビートルズ好きを探してメンバー集めをしていた時「ビートルズにはキーボードが必要」と海援隊の千葉和臣とサイモン&ガーファンクルを得意としたフォークデュオ、〝ライラック〟を組んでいた姫野達也を誘ったのも、彼がギターとキーボードの両方をこなせたからでもあった。中期以降の曲にキーボードは欠かせなかった。

「ビートルズ好きが集まってるんで、曲作りの時とかアレンジとか一致団結出来るんですよ。ビートルズはこんな曲も歌ってるとか、あの曲のあのフレーズにしようとか話が早い。触媒になりましたね」

ビートルズの変化は音楽性だけに限らない。ジャケットやアーティスト写真も激しい変貌を見せている。中期以降の彼らは長髪に髭《ひげ》、ヒッピー風な色合いを濃くして行く。

チューリップがプロデビューのために全員で上京したのは72年の1月だった。

その前の年、財津和夫は単身、東芝音楽工業(73年に東芝EMIに改称)にデモテープを持参している。言うまでもなくビートルズのレコード会社だからだ。

ただ、福岡で人気のグループという情報しかなかった東芝音楽工業の社員の中には、バンド名から「愛くるしいアイドルのようなバンド」を思い描いている人も少なくなかった。彼らの前に現れたのは黒ずくめのロングコートに長髪という後期ビートルズ然とした風体の5人だった。

「その後も何度かそんな場面があるんですが、自分たちが自分たちのイメージでアルバムを作る。そこだけは譲れない、奪われないようにしようというのはありました。そうやって悩んだ時、ビートルズだったらどうするか、というのが指針になってましたね」

彼らの東芝音楽工業でのデビューは72年6月発売のシングル『魔法の黄色い靴』と同名のアルバムだ。シングル1曲にも16時間という当時としては異例の長時間のレコーディングだった。

アルバムの12曲の中には福岡時代に作った曲もある。ストリングスの使用や人を食ったようなファルセット、あるいはいきなりのカットアウトなど、デビューアルバムにしては大胆な発想が随所にちりばめられている。

それが〝無秩序〟と言われようと作りたいものを作る。

そんな彼らのやり方に当然のことながら反発もあった。

チューリップ
『魔法の黄色い靴／ハーモニー』（東芝音楽工業）

1曲に16時間かけて

ビートルズは1966年8月29日のサンフランシスコのキャンドルスティック・パークを最後にコンサート活動を停止した。

その理由は音響機材など今では考えられない劣悪な音楽環境でのライブと、現地のファンやメディアなどとの摩擦に嫌気がさしてしまったからといわれている。

それ以降、彼らは、スタジオでの音楽制作に専念することになった。

最後のアルバムとなった70年の『レット・イット・ビー』は、〝ゲット・バック・セッション〟と呼ばれている69年のレコーディングから生まれた。その時の演奏を記録した録音テープは28時間、フィルムは96時間という。映画『レット・イット・ビー』は、その模様を収めたドキュメンタリーだった。

来る日も来る日もスタジオにこもって作業する。

ポップミュージックの世界では、そんなレコーディング自体に前例がなかった。

当時、東芝音楽工業のディレクターだった草野浩二は、こんな話をしてくれた。

「チューリップのディレクターを呼んで怒鳴りつけたことがありましたね。あいつら、スタジオに泊まり込んでる。スタジオというのは神聖な場所なのに、朝行くと

ザ・ビートルズ
『レット・イット・ビー』
（東芝音楽工業）

長髪の連中がピアノカバーを床に敷いて毛布代わりにして寝てるんですよ。僕らは、スタジオは1曲1時間って教わってきてたから、一晩中もかかって何をやってるんだ、ということになるわけです。それもたかがギターの1フレーズだけ録《と》るのを延々続けてる。僕らの感覚だと、自分たちで出来なければプロのミュージシャンを頼めばいいじゃないかと思うんですけど、彼らはそうじゃなかったですね」

スタジオは神聖な場所、1曲レコーディングするために使うのは1時間。それが常識な時代にデビューシングル『魔法の黄色い靴』の16時間がいかに異例だったか。アルバムは推して知るべしだ。

草野浩二は「そういう意味ではチューリップ以前以後というのはあるでしょうね」と言った。

ビートルズ以前の日本の音楽シーンは洋楽に日本語の訳詞をつけて歌手が歌う〝カバーポップス〟と呼ばれる音楽が一世を風靡《ふうび》していた。

彼はそうしたヒット曲を連発する名ディレクターであり坂本九の『上を向いて歩こう』を手がけたことでも知られている。そんな彼にすら常識外れに見えていた。

財津和夫は、「ビートルズ自体がアマチュアみたいなところから始めてますから、音の作り方にも理論的には無茶苦茶《むちゃくちゃ》に思えることがたくさんあったんですよ。それに勇気づけられてましたね」

アルバム『魔法の黄色い靴』は、シングル曲で始まり、最後は、同じ曲の一部をオーケストラ編成でメンバー、スタッフによる壮大な大合唱で終わっている。それは、スタジオに泊まり込んで制作した彼らの新しい旅立ちに向けた気概のようでもあった。

72年6月のチューリップのデビューは、シングル・アルバムともに商業的には不発に終わった。

ラジオから流れてきた『魔法の黄色い靴』を聴いて「何だこれは、ビートルズじゃないか」と思った小倉の中学生がＣＨＡＧＥだった。

みんな君たちのせいさ

チューリップが放った最初のヒット曲は１９７３年4月に出た３枚目のシングル『心の旅』だった。その時までにシングルは2枚、アルバムも2枚出ている。財津和夫がこれで売れなかったら荷物を畳んで福岡に帰るつもりだったことは知られている。ヴォーカルをキーボードの姫野達也に変更したのも背水の陣故だった。

その頃の彼の中でビートルズはどういう存在になっていたのだろうか。

「プロでデビューしてからは、売れ続けなければいけないと思ってましたから、一

チューリップ
『心の旅／夢中さ君に』
（東芝音楽工業）

辺倒ではなくなりましたね。特に『心の旅』の効果が薄れ始めた頃からですね、ビートルズから離れなきゃと思うようになったのは。でも離れられないんですよ。産みの親ですから」

ビートルズから離れようとしつつ離れられない。そんな時期の彼らのアルバムが76年6月発売の『ALL BECAUSE OF YOU GUYS すべて君たちのせいさ』だろう。

自分たちがこうなったのは、みんな君たちと出会ったせいさ。オープニングとクロージングを除き全曲ビートルズのカバーだった。

「僕らにすれば自分たちでお金を払ってでもやりたかったことですから一も二もなかった。自分の音楽人生の中で一番楽しかったレコーディングかもしれないですね」

ビートルズをカバーしたアルバムでは73年に出た『MEET THE BAD BOYS!』が知られている。演奏はビートルスのコピーバンドとしてデビューしたバッド・ボーイズ。ビートルズの日本におけるデビューアルバム『MEET THE BEATLES!』を曲順そのまま演奏していた。

チューリップは違った。ビートルズ自身が演奏活動を辞めてしまった中期以降の曲に主にトライしている。ヒット曲には限らない。彼らが「歌いたかった」曲ばかりだ。

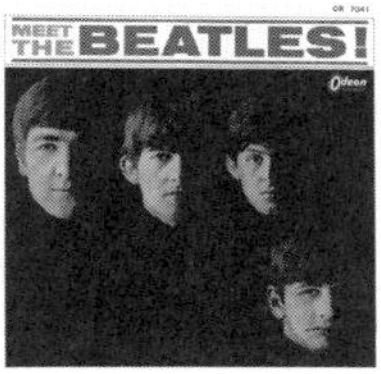

ザ・ビートルズ『MEET THE BEATLES!』(東芝音楽工業)

バットボーイズ『MEET THE BAD BOYS!』(東芝音楽工業)

チューリップ『ALL BECAUSE OF YOU GUYS すべて君たちのせいさ』(東芝音楽工業)

「ほんとにすごいコピーをしたんですよ。音符だけじゃなくて音。エンジニアを入れて6人目のチューリップみたいにして、このピアノの音は聴いたことがないけれど、どうやって作ったんだろうとか。ビートルズはよく聴くと間違いも多いんですけど、それを直さないでそのままコピーしたんです。間違いも楽しいと思えるのは不思議でした」

チューリップの曲には、その頃を境にビートルズ色が薄れて行く。79年のヒット曲『虹とスニーカーの頃』には、もはやそういう印象はない。

「全くビートルズじゃないですね。日本人が作って日本人に受ける曲を意識してますから。初めてビートルズから離れて独立出来た、大人になった曲なのかもしれない」

チューリップは、今年(2012年)がデビュー40周年。9月からのツアーは12月29日と30日の大阪公演で終了。来年(2013年)は4月の神戸から13本。ファイナルは6月30日の長崎公演と7月2日の福岡サンパレスだ。

「青春時代に戻りたい、その一心で今回再結成したんです。気分はアマチュアに戻ってますね。客席もそういう空気ですし。楽しいんですよ」

みんな君たちのせいさ、そうやって始まった音楽人生が帰る場所――。

今、〝君たち〟の中には同じ時代を生きてきたファンも含まれているかもしれない。

II

草野浩二 Koji Kusano

ビートルズに対してのリアルタイムでの受け止め方は、それぞれ違う。草野浩二は、1937年、東京生まれ、早大卒。60年に東芝EMIの前身、東京芝浦電気レコード事業部に入社。坂本九の『悲しき60歳』が初仕事。『上を向いて歩こう』の担当ディレクター。洋楽のヒット曲を日本語で歌う〝カバーポップス〟のブームで一時代を築いた。兄は雑誌『ミュージック・ライフ』編集長で、訳詞家の漣健児。ビートルズの登場で人生が変わってしまったという、こういう例もある。

カバーできない別モノ

ビートルズの日本でのデビューは1964年2月。シングル『抱きしめたい』と『プリーズ・プリーズ・ミー』の2枚が1週間と空けずに発売されている。4月には『シー・ラブズ・ユー』『キャント・バイ・ミー・ラブ』『フロム・ミー・トゥ・ユー』とデビューアルバム『ビートルズ!』が発売、日本での旋風の幕が切って落とされた。

その合間を縫って日本人歌手が歌うビートルズの曲も出ている。その最初の例となったのが4月に出たスリー・ファンキーズの『抱きしめたい』だった。

ビートルズが登場する前の日本の音楽シーンは〝カバーポップスの時代〟と言われている。〝カバー〟――つまり、ある歌手の曲を他の人が歌い直すというものだ。ポール・アンカやニール・セダカ、コニー・フランシスなどアメリカの人気歌手のヒット曲を日本の歌手が日本語の訳詞で歌う。

例えば、中尾ミエが歌った『可愛いベイビー』や弘田三枝子の『子供ぢゃないの』、飯田久彦の『ルイジアナ・ママ』や坂本九の『ステキなタイミング』など、海の向こうのオリジナルよりも日本語の方が知られている曲も少なくない。

それらの曲を訳詞していたのが訳詞家、漣《さざなみ》健児である。彼が手がけた曲は約400曲。馴染《なじ》みの薄かった洋楽を日本の若者に広めた最大の功労者だろう。『抱きしめたい』も彼の手によるものだ。

「あの曲が一番カバーしやすい曲だったんです。スリー・ファンキーズにしたのは、そういうコーラスをやるグループというのが他に見当たらなかったんですよ」

というのは当時、東芝音楽工業のディレクター、カバーポップスのヒット曲の大半を手がけていた草野浩二である。『抱きしめたい』は彼の担当だった。

スリー・ファンキーズは、東京・銀座のジャズ喫茶で歌っていた3人組である。

スリー・ファンキーズ『抱きしめたい／サウスタウンUSA』（東芝音楽工業）

それまでの主流だったダーク・ダックスやボニー・ジャックスらとは違うポップス系青春コーラスグループだった。

「ビートルズ自身も初期はアメリカのロックンロールのカバーをやってましたし、僕も他の曲と同じようにやろうとしたんですが漣さんはそうじゃなかった。これはちょっと違うぞ。これからカバーをやるのは大変だぞ、浩二もそろそろ考えた方がいい、と言われた覚えがありますね」

２００５年にこの世を去った訳詞家・漣健児は、ビートルズの情報をどこよりも早く掲載していた音楽雑誌『ミュージック・ライフ』の編集長・草野昌一というもう一つの顔を持っていた。発行は後にビートルズの曲の権利を持つ会社としても知られるようになるシンコーミュージック。上京したチューリップの所属事務所である。草野浩二は、彼の弟でもあった。

「確かに、やってみたらそれまでのポップスと全然違う。真似《まね》が出来ないんです」

去年(２０１２年)の12月10日、ニッポン放送の『オールナイトニッポンＧＯＬＤ』で、吉田拓郎と坂崎幸之助が、スリー・ファンキーズの『抱きしめたい』を流していた。今まで知らなかったという吉田拓郎は、聴き終えた時に「ビートルズとは別モノだね」と半ば当惑したように言った。

これは真似が出来ない。

何が違ったのだろうか。

日本語が似合わない！

「率直に言ってビートルズは好きじゃないです。彼らが出てきたおかげで、僕が好きだったカバーポップスが終わってしまったわけですから」

元東芝音楽工業のディレクター、草野浩二は、ビートルズについてそう言った。1964年4月に出た日本人による最初のカバー曲、スリー・ファンキーズの『抱きしめたい』を手がけたのが彼だった。

「まず、ハーモニーの作り方が違いましたね。ファンキーズはそれまでほとんどドミソの和音でやってるわけですけど、聴いたことのないハーモニーが沢山出てくる。演奏はジャズ喫茶でやってるバックバンドが担当してるんですが、コード進行も全然違うんで対応出来ない。それを真似しても全く売れない曲になったでしょう。まだ日本人はそこまで教育されていなかったんですね」

当時のロカビリーのスタイルだろう。イントロでいきなり原曲にはないサックスが登場する。リズムの強弱の付け方も違う。音の響きも躍動感や広がりが足りない。そして、何よりも〝オープリーズ、オオイェイイェイ〟と始まる言葉のイントネーションがまるで違う。それは吉田拓郎が『オールナイトニッポンGOLD』で感想を口にしたように「別モノ」という印象だった。

訳詞の漣《さざなみ》健児は、彼の足跡を記録した『漣流』（和田彰二著・音楽出版社刊）の中で、『抱きしめたい』について「自分でもじんましんが出ちゃう」と言いつつ、こんな言葉を残している。

〝僕も嫌々ながらビートルズの訳詞をやったんですが、イントネーションの訳しようがないから本当に嫌々だった〟〝その人のキャラクターが受けているわけだから誰かがカバーしても意味がないんですよ。カバーするということ自体に意味がなくなってきた〟〝ただ「I LOVE YOU」と言ってる言葉だけでビートルズの「I LOVE YOU」は全世界に届いちゃうんですよ〟

〝黄金の60年代〟というキャッチフレーズとともに始まった60年代。所得倍増計画に端を発した高度経済成長は、欧米の音楽をより身近なものにしていった。〝カバー・ポップス〟はそんな時代の過渡的な産物だった。

漣健児訳の『抱きしめたい』の二番には〝お前の手を取りたい〟という歌詞が出てくる。

それは確かに〝I wanna hold your hand〟の訳ではあってもビートルズが叫んでいる感情のニュアンスは伝わらなかった。

和田彰二
『漣流：日本のポップスの源流を作り出したヒットメーカー 草野昌一×漣健児』（音楽出版社）

例えば、ポール・アンカの『ダイアナ』は〝君は僕より年上と〟で、プレスリーの『ハートブレイクホテル』は〝恋に破れた若者達で〟という日本語で親しまれた歌だった。

でも『抱きしめたい』を〝アホナ・ホージョー・ヘン〟と耳に聴こえたカタカナ英語で歌った若者は多いはずだ。

ビートルズは日本語が似合わなかった。英語じゃないと感じが出ない音楽だった。

草野浩二は「嫌いな人達ですけど」と言い、こう続けた。

「そのおかげで自分でもカバーをやめて日本の作家を育てようと思いましたし、新しい日本のオリジナルが生まれていったんだと思いますね」

64年4月、『抱きしめたい』をカバーしたもう一組のバンドがいた。それが東京ビートルズだった。

III 東京ビートルズ TOKYO BEATLES

60年代初頭の頃に洋楽の情報を手に入れる方法はラジオと雑誌の二つしかなかった。雑誌と言ってもポップス系の雑誌は『ミュージック・ライフ』くらいだからほぼラジオに限られる。その中で稀有な例がまだ日本で発売される前にレコードを手に入れたというケース。「ビートルズは日本語にならない」と言った漣健児が訳した日本語の『抱きしめたい』をレコードにしている一組、東京ビートルズは、そうやってビートルズと出会った。ヴォーカルの斉藤タカシは、1945年生まれ。すでにバンド活動をしていた。

米兵の手で運ばれて

「店に来たアメリカの兵隊がドーナツ盤を持ってきたんですよ。日本から帰国した兵隊が彼に、横須賀にオスカーっていう店があるんで、そこに出ているバンドに、これが今アメリカですごい人気だから渡してくれと言ったらしいんです」

元東京ビートルズのヴォーカリスト、斉藤タカシは、ビートルズとの出会いをそう言った。ドーナツ盤というのは中央に大きく穴の空いたアナログレコードのシングル盤の別名である。

「もちろん洋盤。ジャケットも何もなかったですね。店にあったポータブルステレオでみんなで聴いたら、それまでとは全く違う音楽だった。何だこれ、ですよ。ぶっ飛んじゃいましたね」

5枚目のシングル『抱きしめたい』のイギリス発売は1963年11月、アメリカでのデビューシングルとして出たのは63年12月だった。

その中の1枚が、ベトナムに向かう兵隊の手で日本に運ばれてきた。

横須賀のどぶ板通りのクラブ「オスカー」は、米兵相手にバンドがプレスリーやポール・アンカなどの曲を生演奏する店だった。

彼は、米兵からもらったシングル盤『抱きしめたい』を事務所に持ち帰った。同じ事務所には人気ジャズ歌手、雪村いづみが所属していた。

「そのせいもあって、オヤジが新しいものには敏感だったんですね。『これ、やってみようか』ということにはなったんですけど全く情報がない。どんな格好しているのかも分からないんですよ」

かろうじて情報源となったのは、ご主人がアメリカ人の雪村いづみだった。

「彼女が何とか調べてくれたんですけど、何でも髪が長くて詰め襟みたいな服を着て、2～3本のヴォーカルマイクを持って歌うらしいという程度しか分からない。それでもやってみようということになったんですね」

東京ビートルズの『抱きしめたい』と『プリーズ・プリーズ・ミー』のシングル盤は、64年4月の下旬にビクターから発売されている。

「写真は何とか手に入れたんです。そうしたら、四角いマイクでスタンドは折れ曲がってる。そんなマイクは日本にありませんからね。卓上の電気スタンドの折れ曲がったアームに備え付けのマイクを結んでみたりしてました」

2曲とも歌詞は漣《さざなみ》健児の訳詞。問題は音だった。頼りは1枚のシングル盤しかない。バンドのメンバーも編成も詳しいことを知っている人間はいない。スリー・ファンキーズ盤がそうだったように、イントロと言わず歌のバックにもサックスが登場、ビブラホンまで使われている。アレンジは、61年にレコード大賞を受賞したフランク永井の『君恋し』の現代風な編曲で知られたビクターレコード専属作曲家、寺岡真三だった。

「寺岡先生が、こんなコード進行はない。おかしい、間違いだって。こっちも知っていればそうじゃないって言えますけど、分かりましたと言うしかないんですよ」

東京ビートルズ――。

その名前はその年に東京オリンピックがあるからとつけられたものだった。

東京ビートルズ『抱きしめたい／プリーズ・プリーズ・ミー』（ビクター）

そして、白いタイツと白いTシャツという衣装は「メダルが期待された体操選手の格好」がヒントだった。

はっぴいえんどの先輩

東京ビートルズの写真の中には、本家のビートルズのようなマッシュルームカットをした外国人5人組と一緒に写っているものがある。撮影は1964年9月。イギリスから来た〝リバプール・ビートルズ〟というバンドと一緒だった。

正式名称はリバプール・ファイブ。招聘《しょうへい》したプロモーターが、ビートルズの先輩格だからとそういう名前にしてしまった。東京・後楽園アイスパレスで行われた公演の前座の一組が東京ビートルズだった。ヴォーカルの斎藤タカシのその時の印象はこうだ。

「本場で使っているマイクやアンプを持ってきたのは彼らが初めてでしょう。1曲目がビートルズの『ア・ハード・デイズ・ナイト』。迫力がすごかった。音が出た瞬間にアイスパレスが揺れましたから。彼らのアンプは40万円でウチが買いました」

本家に先駆けること約2年前。日本にエレキギターのブームを巻き起こすきっかけになったという65年2月のザ・ベンチャーズの2回目の来日公演より早い。日本のバンドに技術革新を促した最初のバンドだったということになる。彼らのことは、やはりビートルズに刺激を受けて始まったザ・スパイダースの大野克夫も回想記の中で「マイクがいい音をしていた」と書いている。本家の来日公演では歌われなかった『ア・ハード・デイズ・ナイト』は日本で唯一の〝本場仕様〟だったのかもしれない。

東京ビートルズは、ジャズ喫茶やクラブ、米軍キャンプなど1ヶ月に80本近いステージをやった時期もあった。

「ウチらの後には全国にその街の名前のついたビートルズが出てきましたよ。そういうところでも歌いましたね」

そうやって歌っていて、それまでのロックと何が違ったのだろうか。

「ともかくはじけましたね。はしゃげた。ギターのヤツと一緒にジャズ喫茶の噴水に飛び込んだりしてましたから」

彼は「アメリカの〝ライフ〟が2週間べったり取材したこともあった」と言った。

「〝ライフ〟の記者が記事をビートルズに見せたと言ってましたね。『頑張ってくれと言ってたよ』って。本当かどうか分かりませんが(笑)」

東京ビートルズは67年に自然消滅のような形で解散した。雑誌『ミュージック・

ライフ』に「正視に耐えない」と酷評されたこともあった。

「笑っちゃいますよね。何も分からないでやってた。猿まねでしたし恥ずかしいんで、解散してから自分の口からは言ってないんですよ。もし、先に本物を知ってたらやらなかったでしょうね」

彼らに再評価の光を当てたのは大瀧詠一だった。

93年に、2枚のシングルをまとめて発売されたCD『ミート・ザ・東京ビートルズ』にはこうある。

〝〈ビートルズサウンド〉をやむを得ず(あるいは無自覚に)その前のサウンドで解釈してしまっところに特徴があります〟

そして、70年代に〝日本語のロック〟を掲げて登場した彼のバンド、はっぴいえんども〝70年代の東京ビートルズそのもの〟〝あの時代に我々《われわれ》が彼らと同じ立場に立たされていたら全く同じ結果になっていたと断言出来ます〟と書いている。

それは一種の文化遺産のようなものかもしれない。

IV 高嶋弘之 Hiroyuki Takashima

ビートルズをどうやって日本で紹介してゆくか。それまでにない音楽であればあるほど、その苦労も前例がない。その任を果たしたのが初代ディレクターの高嶋弘之。１９３４年生まれ。59年に東京芝浦電気レコード事業部に入社した洋楽ディレクター。デビューから66年のアルバム『リボルバー』までを担当。ビートルズの前はクリフ・リチャードも手掛けていた。ザ・フォーク・クルセダーズの67年の『帰ってきたヨッパライ』や黛ジュンの68年の『天使の誘惑』など邦楽のヒット曲も多い。現在も高嶋音楽事務所の代表である。

社会現象作っちゃえ

何度か触れているように、ビートルズの日本でのデビューは、１９６４年2月発売のシングル『抱きしめたい』である。62年10月にイギリスで『ラブ・ミー・ドゥ』が出てから1年4ヶ月後だ。

その間、日本のレコード会社は何をやっていたのだろう。どんな動きをしていたのだろうか。

「ビートルズのレコードを売る、ということはもちろんなんですけど、社会現象を作るにはどうすれば良いのか考えてましたね」

というのは初代ビートルズ担当ディレクター、元東芝音楽工業、現高嶋音楽事務所代表、高嶋弘之である。

「『ラブ・ミー・ドゥ』は、今聴くとこんなに良い曲、と思いますけど、当時は分からなかった。『何だ、これ』ですよ。僕は『突然変異』という言葉を使いました。でも、『プリーズ・プリーズ・ミー』は違いました。曲が面白かった。これはひょっとするかもしれない。ただ、一回失敗すると次が出しにくくなる。失敗は出来ない。本腰を入れてやらないといけないという感じでした」

イギリスでのデビューシングル『ラブ・ミー・ドゥ』は、全英チャート21位。いきなり大爆発したわけではない。63年1月に出た『プリーズ・プリーズ・ミー』以降のシングル3枚とアルバム2枚がすべて1位を記録、新しい時代の幕が開いた。

突然変異——。

それまでの流れや進化の過程を飛び越えたようにある日いきなり生まれてくる新しい形。ビートルズの登場は、彼の目にそう映っていた。

「こと音楽に関して、イギリスは駄目だと思ってましたからね。アメリカのオールディーズの焼き直しみたいなものばっかりで新しいものは生まれない。メディアの人達にイギリスで1位だからと言っても見向きもされない。これは社会現象を作るしかないと思ったんですね」

それまでのイギリスの音楽シーンの最大のスターがクリフ・リチャードだった。ビートルズのデビューする前年、彼の映画『ザ・ヤング・ワンズ』(邦題『若さでぶっかれ!』)が公開、主題歌がミリオンセラーを記録。この年のショー・ビジネスを代表するアーティストに選ばれている。

クリフ・リチャードは〝イギリスのプレスリー〟として売り出されていた。彼の担当も高嶋弘之だった。

「クリフ・リチャードは完全にオールディーズの流れでしたからね。東芝に来る前は全く売れなかった。ビートルズは、そういう音楽とは全く違ってました」

例えば、クリフ・リチャードにはザ・シャドウズというバンドがいた。1人のスター歌手とバックバンドという従来の形である。ビートルズはそういうバンドではない。全員がコーラスに参加し演奏して歌う。『ラブ・ミー・ドゥ』は、黒人のブルースのようでありブルースにはない複雑な音の響きもある。

それは片鱗《へんりん》だった。

「放送局に行っても、こんなもん売れないよ、って言われましたね。TBSの女性ディレクターが一人だけ『これ、好きよ』って言ってくれた。そういうのが頼りでした」

これは社会現象を作るしかない——。彼の確信の根拠となったのが、新聞のコラムに載った小さな記事だった。

あの手この手の大作戦

「特派員とか通信社の人が書いたんでしょうね。一面の裏の紙面ですから、外国の政治とか、社会のところでしょう。そこにコラムが載ったんですよ。まだ文化欄や芸能欄は何の反応も見せていない時ですし、これは『ただ事じゃない』と思ったんですね」

ビートルズのデビューを担当した初代ディレクター、当時東芝音工、現高嶋音楽事務所代表、高嶋弘之はそう言った。

そのコラムは、1963年11月4日にエリザベス女王やマーガレット王女を迎えてロンドンのプリンス・オブ・ウェールズ劇場で行われた王室主催のコンサート「ロイヤル・バラエティ・ショー」について書かれたものだった。

居並ぶ王室のお歴々を前にして「安い席のみなさんは手拍手をお願いします。高い席の方は宝石をジャラジャラ鳴らして下さい」というジョン・レノンの有名な発言が飛び出したステージとしても知られている。

「音楽的な魅力はもちろんでしたけど、ジャーナリスティックな勘でしたよね。イギリスで何かとんでもないことが起きている。後は、思い込んだら一直線でした(笑)」

彼が思いついた一連の企画は〝話題作り〟の原点のようなものなのかもしれない。

知り合いの理髪店に友達を連れて行きマッシュルームカットにしてもらい、それをスポーツ新聞に撮影してもらってテレビでも流す。見出しは「早くもビートルズカット上陸」。やはり知り合いの洋服屋にビートルズのあの詰め襟風スーツを30着作らせ、宣伝マンに着せて銀座を歩かせる。「これが最新ファッション」。更《さら》に若い宣伝マンの前髪を濡《ぬ》らして垂らし「東芝全社員ビートルズカットで出社」という記事にする――。

「形にして見せないといけませんからね。日比谷高校の生徒会長を知ってたんで、彼に女子高生を集めてもらったんですよ」

レコードコンサートに紛れ込んでもらい、彼が合図したところで叫んで貰う。数人の声が引き金になってあっという間に広がって行く。彼女達を使って電話リクエストに電話をかけさせる。更に、交換手にも手を回して行く。

「東芝のアーティストのリクエストが来たら、時々ビートルズに変えてもらうんですよ。反則ですけど女の子の反応は良かったですから、面白がってもらえましたよ」

極め付きは社内データを使った作戦だろう。

「新聞記者が来る頃を見計らって、実際より多く売れているように数字を書き換えたデータをマル秘の判を押して机の上にちょっとだけ見えるように置いておいて、彼らが来たら、わざと少しだけ席をはずすんです」

取材に来た記者は、机の上にあるマル秘の資料を目にする。高嶋がいないのを見計らってそれを盗み見る。戻った彼に対して知らぬ顔で「ビートルズ売れてますか」と聞く記者に、自分では答えず部下に「どのくらいだ」と尋ねて直した数字を言わせるのだ。「それでもこんなもの日本じゃ売れないという有名な評論家もいましたからね」

その評論家に対しては「必ず売れる。そうなったら評論家生命が終わりますよ」と暗に脅しをかける——。

そんな奮闘に追い風になるニュースが飛び込んできたのは64年4月のことだった。

格の違いはハーモニー

ビートルズの日本でのプロモーション展開の追い風となったのが、1964年4月にアメリカで起きた〝事件〟だろう。

4月4日付けの全米ランキングで1位から5位までをビートルズが独占するという史上初めての現象が出現した。

曲は、1位から『キャント・バイ・ミー・ラブ』『ツイスト・アンド・シャウト』『シー・ラブズ・ユー』『抱きしめたい』『プリーズ・プリーズ・ミー』という順だ。「でも、まだ日本では、そこまでには行かなかったんですよ。同じレコード会社でしたけど、ベンチャーズの方が売れていたと思います」

東芝音工の初代ビートルズ担当ディレクター、現高嶋音楽事務所代表、高嶋弘之は、そう言った。65年1月発売のベンチャーズのライブ盤『ライブ・イン・ジャパン』はビートルズの日本デビューアルバム『ビートルズ！』の10倍のセールスを記録したと言う。同年8月の『ミュージック・ライフ』の調査では、東京のレコード店の売り上げでベンチャーズはトップ5に3曲。ビートルズは10位に『涙の乗車券』が入っているだけだ。エレキギターの普及への貢献度は、ベンチャーズの方が大きかった。60年代半ばのエレキブームの立役者はベンチャーズと、65年の映画

『エレキの若大将』に主演した加山雄三だろう。

「自信はありましたよ。ベンチャーズとは格が違うと思ってましたから。でも、クラシックがそうですけど格が高い方が売るのは難しいんです」。

彼がベンチャーズには感じなかった〝格〟というのは、どんなものだったのだろう。

「ハーモニーが大きかったですね。ベンチャーズにはもちろんありませんし、アメリカの黒人ジャズにはありましたけど、ロックにはなかった。エバリー・ブラザーズが2人でやっていたハーモニーをイギリスの若者が4人でやってる。しかも演奏も歌もやる、それは新鮮でした」

エバリー・ブラザーズは、ナッシュビルを拠点に50年代終わりから60年代初めに活躍した兄弟デュオである。カントリー系のハーモニーをポップスに持ち込んだ元祖と言われている。ビートルズは、それをバンドでやっていた。

とは言え、64年から66年の武道館公演までの日本でのリリースに〝格〟は感じないかもしれない。64年4月にシングル盤4枚にアルバム1枚、5月にはシングル3枚、6月はシングル1枚にアルバム1枚。アイドル並に立て続けの発売になった。

「すごいと思いながらもなかなか売れないから、勢いを落としたくなかったんで、逆にオールディーズ風に攻めてやろうと思ったんですよ」

従来のヒット曲作りのパターンを駆使しながら、日本のファンに訴える。日本盤には日本独自の選曲をする。『抱きしめたい』『恋する二人』『恋を抱きしめよう』『悲しみはぶっとばせ』などの日本題をつけたのも彼だ。『ノルウェーの森』も原題は「ノルウェー製の木造家具」だった。

「日本題は重要でしたからね。でも、カバーポップスやオールディーズみたいに安易に〝悲しきなんとか〟みたいなものにしたくなかったんです」

そんな状況を一変させたのが66年6月の武道館公演である。そこで彼は屈辱的な体験をすることになった。

〝信長〟のバカヤロー

ビートルズが日本に滞在していたのは1966年6月29日から7月3日までの5日間。宿泊していたのは東京ヒルトンホテル(当時)。その間の行動はすでに分単位で公になっている。

日本人で会ったのは、加山雄三、『ミュージック・ライフ』編集長・星加ルミ子、評論家・湯川れい子、ファンクラブ会長・下山鉄三郎、オフィシャルカメラマンとして撮影していた浅井愼平など、ということも知られている。

ただ、その時に、マネージャーのブライアン・エプスタインと日本側スタッフとの間にあったやりとりは、案外明らかになっていないのではないだろうか。東芝音工の初代ディレクター、現高嶋音楽事務所代表、高嶋弘之は、こんな話をしてくれた。

「石坂専務と一緒にビートルズとメシでも喰《く》いたいなと思ってたら別室に呼ばれて、ブライアンとの謁見《えっけん》ですよ。オーラはありましたね。彼は、自信たっぷりにこれを売りたいとか、こういうプランがあるとか話をして、我々はそれを有り難そうに聞いてる。まるで大河ドラマなんかに出てくる織田信長の前の木下藤吉郎ですよ」

石坂専務というのは東芝音楽芸能出版の社長も兼務していた石坂範一郎《のりいちろう》。ビートルズ招聘《しょうへい》の中心人物だった。後にビートルズ担当ディレクターになる石坂敬一の父である。

ただ話を聞いているだけではない。ブライアンの前にいる彼は、うやうやしく跪《ひざまず》かなければいけなかった。

「帰ってから思ったんですよ。バカヤロー、何でおれが跪かないといけないんだ。日本一のポップスをやろうと思ってるのに、何でなんだ、と思ったんですね。それで洋楽を辞めたんです」

彼がディレクターを担当していたのは、デビューから66年に出た7枚目のオリジナルアルバム『リボルバー』までだ。67年発売の8枚目『サージェント・ペパーズ・ロンリー・ハーツ・クラブ・バンド』から2代目の水原健二に代わっている。

「向こうから来た人達に跪かなければいけないような音楽はもう作りたくない。日本のポップスをやろうと思ったんですね」

邦楽ディレクターとして彼が手がけたのが、67年2月に出た黛ジュンの『恋のハレルヤ』。それまで本名の渡邊順子で活動して結果が出ていなかった彼女を改名、移籍させての再デビューだった。翌年には『天使の誘惑』でレコード大賞を受賞した。

ビートルズの登場でカバーポップスを断念した草野浩二は1965年に〝和製シルビー・バルタン〟として奥村チヨをデビューさせている。その年に大ヒットした『ごめんね…ジロー』は日本人作家の手によるオリジナルだった。

それぞれの国には、そこの国の音楽がある——。

彼らにとっては、それもビートルズが教えてくれたことになるのかもしれない。

高嶋弘之が、67年に世に送り出したのがザ・フォーク・クルセダーズである。彼らのデビュー曲『帰ってきたヨッパライ』は、テープの早回しや多重録音を使った遊び心に満ちた奇想天外な歌だった。その中には木魚やお経、ベートーヴェンの

『エリーゼのために』などと一緒にビートルズの『ア・ハード・デイズ・ナイト』も取り入れられていた。

深夜放送から流れる『帰ってきたヨッパライ』を聴いて、「こういう手があるんだ」と思ったのが浪人生、井上陽水だった。

V 井上陽水 Yosui Inoue

ビートルズと出会わなかったら、今の自分はいないと思う。そう公言するアーティストは少なくない。70年代以降の日本の新しい音楽シーンの立役者の一人である井上陽水もそんな一人だ。1948年、福岡の生まれ。彼がラジオでビートルズを知ったのは中学生の時。浪人中に刺激され多重録音で曲を作り、地元の放送局、RKB毎日にテープを持ち込むところから始まった。69年、アンドレ・カンドレの名でデビュー、井上陽水として再デビューが72年。取材を快諾してくれたのは媒体が西日本新聞だったからこそだ。

リバプールは遠すぎる

「ビートルズっていうと、時々テレビとか雑誌から声がかかったりするんです。でも、どう話していいのか分からないなあってお答えすることが多いんですよ」

井上陽水は、はにかんだような笑顔で話をそんな風に切り出した。

ステージでのトークもそうであるように、彼へのインタビューは、一つの質問に一つの答えというような形式的なものにはなってゆかない。

遠回しではぐらかされているような話が実は核心に触れる示唆に富んだものだったりする。彼は、「好きだったんですけどねえ」と言いながら、こんな話を始めた。

「リバプールに初めて行った時がそうだったんですけど、街の中に入るのをためらったりするんですよ。そんなに深刻じゃないですけど入ってはいけないような気分ですね」

井上陽水にとって初めての海外旅行は1973年のアルバム『氷の世界』のロンドンレコーディングだった。リバプールに足を運んだのはその後しばらく経ってからだ。

「ロンドンからの列車がマージーリバーという川を渡るんですよ。歌の中に出てきますからね、あ〜ビートルズもここを汽車で通ったのかって軽くジーンと来たりね。行ったのが20年前くらいになるのかな。駅が、古ぼけていて、構内に機関車の転車台があったりして、僕の知ってる直方に似てるなあ、とか。駅にホテルがあって、その喫茶室でのんびりお茶を飲んだんですけど、カーテンなんかも年代もので、建物もいつ朽ちてくるか分からないみたいな。そんなことに感傷的になって街の中に入らないまま、まだ早いかなあ、また来るかと勝手に思ったりしてそのままマンチェスターの方からオランダに行ったんですよ。その次、3〜4年くらい後に

井上陽水
『氷の世界』（ポリドール）

行った時には街に入りましたけどね」

アーティスト特有、井上陽水ならではの感受性ということなのかもしれない。

ビートルズが出演していた伝説のクラブ、キャバーン・クラブや、歌になった「ストロベリー・フィールズ」や「ペニーレーン」、メンバーの住んでいた家や通っていた学校から博物館まで。リバプールには、ゆかりの地が随所に残されている。それらを回る観光バスも運行されている。

でも、彼は、そういう場所には行っていない。

「何だろうねえ。突っ張ってるのかねえ。通り一遍のファンがやるようなことをしたくないというところがあるのかな。リバプールには行ってみたかったですけど、観光バスに乗ってみたいとか、キャバーンに行ってみたいというような気が起きない。クールというとカッコよすぎるけど、見てどうなるという冷めた面もありますからね」

対象が何であれ、本当に好きなものに対してはそうなのかもしれない。怖くて触れられないというのだろうか。

「これでも40年以上やってるとね、ポールに会いたいなら会わせますよ、と言ってくれる人もいるんですよ。でもねえ、何か遠慮します、という感じなんです。そういう性格なんでしょうけど、こちらはティーンエイジャーでしたしあがめてた。

〝神〟みたいなところがありましたから。そんな畏れ多い(笑)」

彼が〝神〟に出会ったのは中学生の時だった。

〝音楽に選ばれた〟人

「中学生の時から、コニー・フランシスとかロイ・オービソンとかがかかるラジオのベストテンみたいな番組が好きだったんです。そこで知りましたね」

井上陽水は、ビートルズとの最初の出会いをそう言った。それらの番組の中でも文化放送系列で放送されていた『9500万人のポピュラーリクエスト』がお気に入りだった。DJは、ジャズ評論家の小島正雄。テレビの深夜番組『11PM』の司会者としても活躍していた。

「その番組で彼がある日、『みなさん、アメリカで大変なことが起きました』ってキャッシュ・ボックスか何かの話をしたんですよ」

1964年4月4日付けの全米チャートの1位から5位までをビートルズが独占したニュースだった。

「もう『プリーズ・プリーズ・ミー』は知ってましたけど、ベストテン愛好者にとってはビックリすることでしたからすぐに夢中になりましたね」

中学を終え高校に進む春休みのことだ。「お前、ビートルズ好きなの？」「おれも好き」。新しい環境の中で〝ビートルズ好き〟の類は友を呼ぶことになる。

「集まったんですよねえ。今も時々、どうして好きになったのかなあって考えることがあるんです。これはエラソーに聞こえるかもしれませんが、どっかに〝選ばれた者〟、みたいな感じがするわけですよ(笑)。両親がたくさん洋画を見に連れて行ってくれてたからかなとか、八つ上の姉が見ていたテレビの『ペリー・コモ・ショー』やプラターズのアルバムとか聴いていてブラック系の音楽にすでに馴染《なじ》みがあったから受け入れられたのかなとか。だって、まわりには『高校三年生』の方が好きだという友達とかいましたから」

あの時、どうしてあんなに強烈に惹《ひ》かれたのか——。

忌野清志郎の『トランジスタ・ラジオ』の歌詞を借りれば、海の向こうからの音楽を〝アンテナがキャッチした〟人としなかった人。井上陽水が言う〝選ばれた〟という感覚は、〝音楽に選ばれた〟というニュアンスだろうか。

「一生懸命でしたからね。雑誌は読む、切り抜きはする。ちょっとでもビートルズのことを話してればラジオに聴き耳を立てるまさにマニアでした。でも、最初は音楽的なことよりも、彼らの発言や行動の方でしょうね」

例えば、最初のレコーディングセッションで、アマチュアの彼らを気遣ったプロデューサーのジョージ・マーティンの「気に入らないことがあったら何でも言ってくれ」という言葉にジョージ・ハリスンが「あんたのそのネクタイが気に入らない」と答えたというエピソードがある。

「イギリス的だなあと思ってね。上の階級に対しての軽いキックというか。そういう受け答えが色々あって、素敵《すてき》だなあと思ってましたね」

〝選ばれた者〟――。

井上陽水と忌野清志郎は、後に『帰れない二人』を共作している。それも、デビューしたてのビートルズが無名のストーンズが出ているクラブに遊びに行った時に「何か書いてよ」と頼まれて『アイ・ワナ・ビー・ユア・マン』を作ったというエピソードをヒントに生まれたものだった。

地球の裏側にいた同志

「『ビートルズが教えてくれた』というタイトルの連載ですからね。ハイ、教わりました、ということってあるんだろうなあと。何を教わったかな。最初は音楽的なことじゃなかったでしょうねえ」

井上陽水がそう言いながら話し始めたのが、前に触れた高校時代のマニアぶりだった。話しながら思い出すことが出てきたりするのだろう。

「今の自分からでは考えられないことなんだけど、ビートルズ・ファンクラブというのが小倉にあってね。そこに高校生の時に何回か顔を出したのを覚えてる」と言った。

「雑誌か何かでその存在を知ったんでしょうね。会合があるっていうんでバスで1時間くらいかけて行きましたよ。自分では一人で行ってたと思うんだけど、学校にビートルズを歌っていたクラスメートもいましたから『井上、俺も一緒に行ったじゃない』って言われるかも知れない(笑)」

話の発端は映画『ビートルズがやって来る ヤァ!ヤァ!ヤァ!』をどこで見たか、だった。彼は「田川の〝朝映〟という映画館だったと思いますね。小倉や福岡に行って見る、ということはなかった」と言いながらその話になった。

小倉にビートルズ・ファンクラブがあったのもさることながら、田川に映画館があったというのは、当時の街の様子を知らない身には思いがけなくもあった。

「お言葉ですが、当時豊かさは筑豊にあった(笑)。僕の住んでいた人口1万人の糸田町にも映画館が2軒ありましたし、バスで30分くらいの田川には洋画の封切館とか3~4軒、もっとあったんじゃないですか。オーケストラもあったようですよ」

彼の家が歯医者だったことは広く知られている。日本のエネルギー政策が石炭から石油に変わって行く中で、自分が住んでいる街が変貌して行く様を炭鉱に関わっていた当事者とは違う立場で体験していることになる。

「炭鉱がなくなってそこで働いていた人が辞めていったり、子供でしたけど没落を感じたりしてましたからね。戦前に栄えていたリバプールも船乗りや港湾労働者が多かった街だったようですし、ビートルズのエピソードにも、そういう背景が濃厚にあって。共通項というか、趣味が似てるとか勝手に思う時は今もありますよ」

ジョン・レノンの父は商船の給仕人、ポール・マッカートニーの父は仕事の傍らラグタイムバンドを組むミュージシャンだった綿花のセールスマン、ジョージ・ハリスンの父はバスの運転手、父親の記憶はないという母子家庭だったリンゴ・スター。4人の家庭環境は、階級社会と言われるイギリスの中ではどう繕っても高い方とは言えない。

1964年1月のパリ公演の記者会見で「エリザベス女王をどう思うか」と聞かれたジョージ・ハリスンは「タイプじゃないね」と答えている
もし、ビートルズが登場しなかったら、60年代の日本の若者達にとってリバプールという街に対しての関心は生まれようがなかっただろう。

67年6月25日、初の宇宙中継で全世界に流れた『愛こそすべて』を彼は、八幡の貸しアパートで見ていた。

地球の裏側にも自分と同じ感覚の持ち主がいる——。

それもビートルズが教えてくれたことかもしれない。

部屋にギターはなかった

自分で曲を作ること——。

この後に登場するアーティストも含めて「ビートルズが教えてくれたこと」という質問に対し、異口同音に返ってくるのがそのことだった。

井上陽水は、はっきりとこう言った。

「教わったというより勝手に影響されたんでしょうけど、ビートルズがいなければ曲を作るということはなかったでしょうね」

彼らから受けた影響は、人によってそれぞれ異なる形で現れている。同じ福岡でありながら、バンドという形態に向かった財津和夫とは少し違ったことになる。

「そういう仲間がいたわけでもなかったですからね。ドラムを持っているヤツなんかいなかったし、エレキすらあんまり見たことがない。そこは福岡と田川の違いですか」

高校2年生の時である。1965年。まだシンガー&ソングライターという言葉は当然のことながら存在しない。歌は、作詞家、作曲家、アレンジャーなどそれぞれのプロが作り歌手が歌うというのが常識だった。

「昔の雑誌にはイラストや何かと一緒に歌詞やギターのコードが載っていて、曲がりなりにもそれでコードを覚えて短い曲を一曲作ったんですよ。当時お付き合いしていた女性の誕生日に曲を作って捧《ささ》げる、的ないい話があるんですけど(笑)。そういうことが出来たのはビートルズのおかげかなという。でも、それはそれで終わるんです」

彼は歯医者になるために九州歯科大を受験するも失敗、小倉の予備校、育英学館に通うようになる。

ただ、一浪の時も福岡の九州英数学館での二浪の時も寮の部屋に「ギターはなかった」と言った。

「一浪の時にフォーク・クルセダーズを聴いたんですよ。あ、こういう手があるのなら何か出来るんじゃないかなって。軽い嫉妬もあるだろうし、やられちゃったなあというか、そんなことをチラッと思ったのを覚えてますね。といって、すぐにじゃ俺も行くぞ、みたいなことにはならなかったんですけど(笑)」

ザ・フォーク・クルセダーズは65年、龍谷大学の加藤和彦の呼びかけに応じた京都医科大の北山修ら5人で始まっている。彼らの卒業記念の自主制作盤『ハレンチ』に入っていた、テープの早回しや多重録音を使った『帰ってきたヨッパライ』がメジャーの東芝音工から発売されたのは67年の12月。深夜放送を発信源にして200万枚を超える爆発的なヒットとなった。

北山修は、きたやまおさむ名義の著書『ビートルズ』（講談社）の中で〝誰もがビートルズになれる〟と思わせた一つの要因に、語学勉強のためのテープレコーダーの普及をあげている。

高校時代、楽器やバンドに行かなかった井上陽水がやっていたのがオープンリールのテープレコーダーに歌を録音することだった。

「三浪の時はもう無理だろうなあと思ってましたからね。友達と、お前がマネージャーで俺が歌手で一発行こうよって。でも、彼がギターを買って、僕が曲を作って、二人で深夜放送に持って行ったんですね」

井上陽水が、友人と二人でRKB毎日放送の番組『スマッシュ!!11』に自作の歌を重ねたテープを持って訪れるのは69年の春だった。

きたやまおさむ『ビートルズ』（講談社）

触発され、自分の世界を

「事務所のスタッフが言うには、井上さんの曲は昔から二拍三連が多い。『人生が二度あれば』からそうだって指摘されたんですよ」

井上陽水は、ビートルズの影響について話す中でそう言った。二拍三連というのはリズムの二拍目がタ・タ・タという三連拍になったものだ。

「あのリズムは、ビートルズの『悲しみはぶっとばせ』から好きになったんだろうなあ、とか思うんですね。あの曲はジョンが作った、ということになってるけれど、実はボブ・ディランに触発されたものだと思うんです」

『悲しみはぶっとばせ』は、1965年発売の5枚目『ヘルプ！4人はアイドル』収録曲である。11月に日本公開となった同名の映画のサントラアルバムだった。

63年、64年とオリジナルアルバムを2枚発売、合間の世界ツアーや映画撮影という、日本盤の〝4人はアイドル〟というサブタイトルを地でいったようなハードスケジュールの中で作られている。ビートルズがボブ・ディランに初めて会ったのが64年の初のアメリカツアーの時だ。

メンバーの中で最もディランに傾倒していたのがジョン・レノンだった。

「初期の〝シー・ラブズ・ユー、イエーイエー〟みたいじゃない、ちょっと悲しみを帯びていた曲ですよね。知的というと言い過ぎだけど、人生の悲哀とか人間としての哀《かな》しみとかを表現し始めたスタートの曲でもありますよね。二拍三連というリズムもそうだったんですけど、俺って、そういう曲を好きになったんだなあとこの

ザ・ビートルズ
『ヘルプ！4人はアイドル』（東芝音楽工業）

頃思いますよ」

井上陽水が、ＲＫＢ毎日放送に自作のテープを持ち込んだ曲『カンドレ・マンドレ』でデビューしたのは69年の9月だった。その時の名前はアンドレ・カンドレである。本名の井上陽水でデビューしたのが72年3月、シングル『人生が二度あれば』だった。

デビュー曲には、そのアーティストの本質や個性が凝縮されている例が多い。仕事と子育てに追われた65歳の父と64歳の母の人生を歌った内容は、シングルとしても異例だろう。そこには紛れもなく〝人生の悲哀〟や〝人間としての哀しみ〟があった。

好きな曲のメロディーやリズムをヒントに自分なりの世界を歌う――。

ちなみに『人生が二度あれば』が入ったデビューアルバム『断絶』のタイトルソング『断絶』は、ポール・マッカートニーの71年のソロアルバム『ＲＡＭ』の中の『モンクベリー・ムーン・デライト』と『バック・シート』、当時の若者の心象風景の代名詞のようになった『傘がない』の詞は、ビートルズの67年のアルバム『サージェント・ペパーズ・ロンリー・ハーツ・クラブ・バンド』の中の『ア・デイ・イン・ザ・ライフ』がヒントになって生まれたと93年の自著『媚び売る作家』(角川書店)で明かしている。

アンドレ・カンドレ
『カンドレ・マンドレ』
(CBSソニー)

井上陽水
『断絶』(ポリドール)

上京してきた頃や初期の彼を知る人の多くが「陽水はいつもビートルズを歌っていた」と語っている。

「歌ってましたねえ。ひんしゅくを買うくらい。ビートルズが好きだっていうことと自分のことを認めて欲しい、という気持ちがあったんでしょうね」と言って笑った。

ビートルズがいなければ、井上陽水は存在しなかったに違いない。

一人で延々歌っていた

それは当然の結果でもあるのだろうが、スタッフや作家も含めて井上陽水の周辺には筋金入りのビートルズマニアが集まっている。

彼らとの音楽談義の中でビートルズを〝迷路〟に例えた人がいたそうだ。

「入ったら抜けられない。あれはどうだったんだろうとか、様々《さまざま》なことを調べ始めると謎が謎を呼んでしまってそこから出られなくなるっていうんですよ」

そんなマニアの中に、やはり彼の旧知のスタッフでもある川瀬泰雄がいる。

井上陽水がアンドレ・カンドレとして上京、ホリプロに所属した時の初代マネージャーであり、1973年のアルバム『氷の世界』と74年のアルバム『二色の独楽』のアシスタント・プロデューサーとしても名を連ねている。２００８年には『真実のビートルズ・サウンド』(学習研究社)という徹底分析本も書いている。川瀬泰雄は、40周年に出た『井上陽水 FILE FROM 1969』(ＴＯＫＹＯ ＦＭ出版)の取材で筆者に「初めて会社で会った彼を音楽練習室に案内したら何時間も出てこない。心配して覗《のぞ》いてみると一人で延々ビートルズを歌っていた」という話をしてくれた。

川瀬泰雄だけではない。アンドレ・カンドレのデビュー曲『カンドレ・マンドレ』をアレンジした小室等も、デビューアルバム『断絶』に始まり今も関わりを持つプロデューサーの星勝からも同じように「陽水はいつもビートルズを歌っていた」という話を聞いた。この後に登場する作詞家の岡本おさみも「陽水が拓郎と一緒にビートルズを歌っているところに遭遇した」と言った。

「でも、僕は、締め切りまでに自分のアルバムを作らないといけないとか、そっちが忙しくなって、迷路に入らないで済んだのかなって話したんですよ。しかも、僕には途中からボブ・ディランっていう〝神〟も出てきたんで。ま、色んな神様がいるわけで(笑)」

ビートルズと同一線では語れないものの、井上陽水も時期によって活動の特徴がある。例えばコンサートがそうだ。71年から73年のアルバム『氷の世界』の史上初

川瀬泰雄
『真実のビートルズ・サウンド』(学習研究社)

『井上陽水FILE FROM 1969』(TOKYO FM出版)

のミリオンセラー記録、75年のフォーライフレコード設立と続く中で、全国ツアーは1回しか行っていない。

「ビートルズがライブをやめてレコーディングに集中したでしょ。あれに影響を受けたような気がしますね。つまり、ライブなんてやってどうするのよって感じがありましたから。ライブってやだなあ。レコーディングの方が楽しいなという時期でしたね」

どんな風にキャリアを重ねるか。ビートルズは、20代を駆け抜けて30代の入り口で解散。ジョン・レノンは40歳で、ジョージ・ハリスンは58歳でこの世を去った。井上陽水は2008年に60歳となり09年に40周年を迎えた。

2000年代になってほぼ毎年行われているツアーの去年（2012年）のタイトルは「Hello Goodbye」。67年のビートルズのアルバム『マジカル・ミステリー・ツアー』の中の曲だ。彼は「彼らのデビュー50周年でもありましたし、僕の気分だったたんですよね」と言った。

今年（2013年）も4月3日から新しいツアーが始まる。4月13日が鳥栖、14日が小倉公演である。

彼の活動に〝迷路〟はなさそうだ。

ザ・ビートルズ『マジカル・ミステリー・ツアー』サウンドトラック（東芝音楽工業）

VI フォークル The Folk Crusaders

日本でビートルズを語る時に登場するのが、井上陽水が浪人中に多重録音でテープを作るきっかけになった、ザ・フォーク・クルセダーズだろう。龍谷大学の加藤和彦が雑誌に出したメンバー募集に応じた京都医大の北山修。テープの早回しや多重録音、『帰って来たヨッパライ』の大ヒットの後の「期間限定」のプロ活動。常識にとらわれない自由な発想と遊び心。そこには共通するものがあるのではないだろうか。ビートルズについて触れている北山修の著書もヒントにしながら考えてみた。

自由な〝電車ごっこ〟

かなりの洋楽ファンでなければ、日本の若者たちがテープレコーダーの早回しや逆回転を使った音楽に出会ったのはザ・フォーク・クルセダーズ(フォークル)の『帰って来たヨッパライ』が最初だろう。彼らが、その中の1曲だった大学卒業記念自主制作アルバム『ハレンチ』を作ったのは1967年秋だった。

ザ・フォーク・クルセダーズ
『帰って来たヨッパライ／ソーラン節』(東芝音楽工業)

その1年前、66年10月5日、イギリスより2ヶ月遅れて日本で発売されたビートルズの7枚目のアルバム『リボルバー』は、変化するレコーディング技術を駆使した画期的なアルバムだった。

特に最後の曲『トゥモロー・ネバー・ノウズ』は、テープの繰り返しやギターの加工を前面に出した、他の曲とは全く違う印象だった。28年後に出たミスター・チルドレンの同名の曲とは180度違う。アルバムの随所に見られる現代音楽や民俗楽器への関心とともに、4人が新しい扉を開けたことを示していた。

井上陽水の『少年時代』の共作者、平井夏美は、本名の川原伸司で『リボルバー』について「私にとっては全アルバムの中でベスト」としつつも、当時はまわりの友達も「遊び過ぎ」「ついていけない」と否定的だった、と書いている。(『ザ・ビートルズ　アルバムバイブル』日経BP)。

一つのグループの活動を称するのに、ビートルズが登場したり何かの例えになったのもフォークルが最初ではないだろうか。ビートルズファンが彼らをどう捉えるかは別として、それぞれのあり方に共通点がなかったとは言えない。

フォークルは、メディアや有識者の解釈や業界の常識を逆手に取るかのように軽やかだった。『帰って来たヨッパライ』が深夜放送を通じて爆発的な人気になりメジャーで発売になった時に、踏み出したプロ活動も1年間の〝期間限定〟だ。

ザ・ビートルズ『リボルバー』(東芝EMI)

『ザ・ビートルズ　アルバムバイブル』(日経BP)

1年後、オリジナルアルバムとライブアルバムをそれぞれ1枚ずつ残してあっさりと解散した。最後の記者会見は「東芝レコードを買えるくらい稼いだから」という人を食ったような台詞《せりふ》つきだった。

北山修は、きたやまおさむ名義の本『ビートルズ』(講談社)の中でこう書いている。

〝実際のところ、『帰って来たヨッパライ』なども一部にはビートルズに影響を受けた我々の冗談であり、人々がこれを、若者のペシミズムの表現であるとか、交通事故問題を扱っているとか解釈しているのを我々は面白がった〟

ビートルズを語る時に〝遊び〟というキーワードを使ったのも彼だ。やはり、その本の中で子どもの頃の〝電車ごっこ〟にも例えている。

電車ごっこは運転手だけでは成り立たない。車掌や時にはお客も必要になる。それも交代しないと楽しくない。

レノン＝マッカートニーの連名で曲を書き全員がコーラスもする上流階級とは言えない育ちの4人は、ビートルズという〝電車〟を使って遊んでいた。66年は、ライブ活動をやめてレコーディングに専念するという、ビートルズが最も大きな転機を迎えた年だ。日本公演の前にすでに『リボルバー』を完成させていた彼らにとって、コンサート会場はもはや楽しい〝遊び場〟ではなかったことになる。

始めるのも自由、止めるのも自由、どんな音楽をやるのも自由——。

ビートルズはそう言い始めたようだった。

大人は判ってくれない

1960年代の10年間は、それまでのどんな時代とも違う変化とともにあった。その一つの要因がテクノロジーの進歩だろう。テープレコーダーに代表される録音技術や、宇宙中継に象徴される通信環境の激変。情報は世界を駆け巡り、ファッションなどの流行は瞬時に各国に広がった。音楽の世界では、スタジオでみんなで楽器を演奏して歌うことだけがレコーディングではなくなった。

ザ・フォーク・クルセダーズ（フォークル）は、龍谷大生の加藤和彦が男性ファッション誌『メンズ・クラブ』にメンバー募集の告知を出したことに始まっている。彼の死後に発売されたアンソロジー『加藤和彦』（河出書房新社）の中に2004年のこんな発言があった。

〝それこそ「サージェント・ペパーズ」にしても、なんであああいう音になっているんだろうとか。リンゴ・スターのタイコみたいに、なんでああいう音にならないのって。やってもなかなかならないわけで。そりゃならないよね、普通に録《と》ったん

『加藤和彦』（文藝別冊 KAWADE夢ムック 河出書房新社）

じゃ〟

〝どんな機材を使ってるんだとか、それすら知らないわけでしょ。後からわかっただけであって。だから相当実験しましたよ〟

〝僕らはフォーク・クルセダーズという名前がついてるからそっちに分類されちゃうけど、本来はロックの人がやるべきことだよね〟

〝サウンド志向系のものってないよね。言ってみれば「サージェント・ペパーズ」にあたるものとかないよね〟

66年、ビートルズは『リボルバー』を完成させてツアーに出た。ホテルに缶詰めだった日本公演を終えて向かった7月のフィリピンで、マルコス大統領主催の晩餐《ばんさん》会《かい》を欠席したことが国辱とされ、空港で暴徒に襲われた。8月のアメリカ公演ではジョンの「僕らはキリストより有名」という発言が保守層の反感を買いレコードのボイコットや排斥運動に発展、ジョンはマネージャーのブライアン・エプスタインと謝罪会見を開かざるをえなかった。

急速な社会的変化も背景にした若者と大人たちとの価値観のギャップ。ビートルズは否応《いやおう》なく、その渦中、あるいは最前線に立たされていた。

60年代は前半と後半でその様相を劇的に変える。

そのもうひとつの大きな要因が〝政治〟だった。

第「Ⅲ」章に登場した東京ビートルズの斉藤タカシは、呼ばれていった米軍の病院での体験を話してくれた。

ベトナムで負傷して腕や足を失った重傷の兵隊のリクエストに応えながら、各フロアごとに大音量で演奏したというのである。アメリカはベトナム戦争の泥沼にあった。ロックは政治と直結していた。

ジョン・レノンは、『ビートルズがやって来る ヤァ!ヤァ!ヤァ!』のリチャード・レスター監督の映画『僕の戦争』に参加、ロンドンの画廊でオノ・ヨーコと出会った。ジョージ・ハリスンはシタールの修行にインドへ向かい、ポール・マッカートニーは、アンダーグラウンド・カルチャーの研究に余念がなかった。そんな4人が11月から取りかかったのが『サージェント・ペパーズ・ロンリー・ハーツ・クラブ・バンド』だった。

きたやまおさむは、そのアルバムを〝もっと大きく複雑な仕掛けのいたずら〟〝大サーカス大会〟と例えた。

変化の頂点だった。

ザ・ビートルズ『サージェント・ペパーズ・ロンリー・ハーツ・クラブ・バンド』(東芝音楽工業)

VII 横尾忠則 Tadanori Yokoo

ビートルズが革命的だったのは、音楽の影響力を飛躍的に高めたことだろう。地位と言ってもいいかもしれない。音楽がデザインや写真、イラストレーションにまで影響を与えてゆく。ファッションもそうだ。60年代後半のサイケデリック・アートの隆盛と彼らは切っても切り離せない。音楽よりも先にビジュアルにインパクトを感じた若者も多かったはずだ。日本を代表する美術家、アートディレクター、横尾忠則は彼らのポスターも手掛けている。彼のことは避けては通れなかった。

1967年のラブ&ピース

日本を代表するアートディレクター、横尾忠則は、筆者も寄稿しているジョン・レノンの死後に出た追悼本『ジョン・レノン』(中央公論社)の中の「闇の中の懐中電燈」というモノローグで〝一番最初のショックが写真ですね〟とこんな話をしている。

『ジョン・レノン—ALL THAT JOHN LENNON 1940-1980』(中央公論社)

〝写真で出会って、次は、ビートルズの情報が少しずつ日本にも伝えられるようになり、音楽よりも、彼らの写真が、どんどんどんどん、日に日に変わっていくのを見るのが愉しくてね。洋服をはじめとしてね。それにまず影響を受けましたね〟

〝長髪にすれば僕もいち早く長髪にして、彼らがヒゲを伸ばしたら僕も伸ばすとか。アフガン風の毛皮を着たら僕も早速それを買うとか、まずルックスから入っていったんですね〟

〝結局、ファッション革命をやったのはデザイナーではなくてビートルズだったんですね〟。

ビートルズの8枚目のオリジナルアルバム『サージェント・ペパーズ・ロンリー・ハーツ・クラブ・バンド』は、そういう音楽以外の影響も含めた意味でも20世紀を代表するアルバムだった。

ビートルズを架空のバンドに見立てるというアイデア。それぞれの曲が独立していながらもつづれ織りのように連なり、更にアルバムのテーマ曲が形を変えて登場する組曲的構成。クラシックの気品や美しさからインド音楽の宗教性、ミュージカルのような演劇性、ドラッグの影響が生んだ幻覚的な映像感、メンバーそれぞれが自分の持ち味を存分に発揮した4人のバランス、新聞のニュースをそのまま歌にしてしまう即興的なジャーナル性、別々に作られた曲を合体させてしまうという実験性、レコード史上初めてという豪華で大がかりな装幀のジャケット――。

それまでの3分間芸術と言われていたシングル盤中心の音楽のあり方、聴かれ方に〝アルバム〟という新たな概念が加わった。アルバムだからこそ出来る、アルバムでなければ出来ない、アルバムだから生み出せる想像を超えた世界があるということを形にした画期的な作品だった。

詞や曲の解釈や分析、レコーディングの仕組みや段取りへの関心。映像やデザイン、ファッションにまでこれだけ議論の対象となったアルバムは存在しないだろう。日本での発売はイギリスから1ヶ月遅れの1967年7月5日。ちなみに財津和夫が自分のお金で初めて買ったアルバムがこれだった。

1967年発売――。

その年、ニューヨークに行った横尾忠則は、その中でこうも語っている。

〝1967年のアメリカというと、いわゆるサイケデリック・ムーブメント、ヒッピー・カルチャーが最高の沸騰点に達してた時期なんです。66年でも早かった、68年じゃ遅かった。67年だったんです。ぼくにとって本当にゴールデン・エイジみたいな年だった。今でもぼくにとってのルネッサンスだと思うんですけどね〟

アメリカのヒッピー思想はベトナム戦争に反対するところから誕生した。より感覚的な次元で花を咲かせたのがイギリスだった。

ＬＯＶＥ＆ＰＥＡＣＥの時代――。
その先頭に彼らはいた。

VIII 浜田哲生 Tetsuo Hamada

日本の若者たちに与えた影響というテーマで真っ先に浮かんだ名前が彼だった。愛と平和、自由というメッセージ。〝音楽と生き方〟という影響力。浜田哲生は、1946年、神戸生まれ。高校生の時にビートルズに出会い、66年に「ビートルズ研究会」という自主サークルを結成。後に「ビートルズ・シネ・クラブ」に発展、現在、「ザ・ビートルズ・クラブ」として今もなお活動を続けている。プロデュース・センター代表。彼が68年に渋谷に設立した〝アップルハウス〟は自由を求める若者の拠点だった。

何でも見てやろう！

「やっぱり今のビートルズ・ファンの主体となっているのは『サージェント・ペパーズ・ロンリー・ハーツ・クラブ・バンド』以降に本気で聴き始めた人達じゃないでしょうか」

「ジョン・レノン スーパー・ライヴ」のプロデュースやビートルズ関連の出版物の発行で知られるプロデュース・センターの代表、浜田哲生は、そう言った。

「ファンクラブの会員の層が変わってゆく時期があるんですよ。世界的にそうなんですけど、ビートルズがアーティストに変貌してゆく中で脱落してゆく人も多くて、そういう女子の減少率と男子の増加率がクロスするようになる。そんな境目が『サージェント・ペパーズ』になってますね」

それは女子に限らないことかもしれない。

ジョン・レノンの死後に発売された追悼本『ジョン・レノン』(中央公論社)の中で作家の村上龍は「ジョン・レノンのこと」というエッセイでこう書いている。

〝ビートルズがすごかったのは、新しいアルバムを発表するたびに、確実に驚かされたことだ。新しいレコードに針を落とすと、必ずびっくりする。何回も繰り返し聴いて、ああ、やっぱりビートルズだと思い。改めてその才能に感心した〟

彼が佐世保の高校時代にロックバンドを組んでいたことは広く知られている。そのエッセイにも〝アンプのボリュームをいっぱいに上げてギターを鳴らし、キャント・バイ・ミー・ラーヴ、と声をあげると、誰もがジョン・レノンになれた〟とある。

とはいうものの、その中にはこうあった。

〝『リヴォルバー』以降のビートルズは熱心に聴いていない〟――。

なぜ、そうなったのか、彼は〝たぶんローリング・ストーンズが大好きという美しいズベ公がいたんだろう〟と独特の表現をしている。

ツアーをやめたビートルズはギターをかき鳴らして叫ぶロック少年やそれに歓喜する少女達の欲求の具現化ではなくなった。同じように1962年にデビューしたローリング・ストーンズが、そんなロックファンの支持を集めるようになっていた。

「66年の日本公演前後は圧倒的に女の子でしたし、僕らも彼女たちを母体にして始めてますからね」

浜田哲生は、66年に今の母体となる「ビートルズ研究会」というサークルを発足させた。「最初は5人くらい」という小さな集まりは67年に「ビートルズ・シネ・クラブ」、96年には「ザ・ビートルズ・クラブ」と改名、現在も続く日本で最も古く大規模なオフィシャルファンクラブである。

彼は46年生まれ、東京の都立高校を卒業、映画好きな浪人生だった。

「ビートルズをみんなで見ましょうという、レコード会社からも自立したファンの自主的な映画上映運動でした。最初は『ヤァ！ヤァ！ヤァ！』ですね。良く出来た映画だなと繰り返し見た。早稲田の大隈講堂でやったリチャード・レスター監督作品の上映会に集まった女子高生に〝こういうの定期的にやって〟と言われたところから始まってます」

見たい映画は自分たちで上映する。やりたいことがあれば自分たちでやってみる。ビートルズ流だった。

書を捨てよ　町へ出よう

「1960年代後半は世界で同時多発的に若者の反乱が起きてましたよね。アメリカもイギリスもフランスも中国も、もちろん日本もそうだったわけですが。ビートズルもその流れの中にいましたね。でも、あまりに色々なものが混在していて、本人達もいまだに整理がついていないのではないかと思うこともあります」

日本で最も古いファンクラブ、ビートルズ・シネ・クラブの創立者、現プロデュース・センター代表、浜田哲生は、そう言った。

ここ何回かのテーマをひと言で言うと〝サブ・カルチャーとしてのビートルズ〟ということだろうか。

いつの時代にもメイン・カルチャーとサブ・カルチャーという二つの文化がある。片や世の大人たちからも容認され、茶の間やメディアからもお墨付きを得ている価値観や物の見方、もう片方は、その時代には主流ではない新しいあり方や生き方を求める先鋭的な表現や行動。後者にあたるのがサブ・カルチャーだ。当時風に言えば〝アンダーグラウンド・カルチャー〟。今風に言えば〝オルタナティブ〟。つまり〝もう一つの選択肢〟という意味もある。

67年のビートルズは、そんな傾向が一段と強まった時でもあった。メンバーの中で、そうした文化にいち早く関心を示したのはポール・マッカートニーだったと言われている。

実験映画や実験音楽、あるいは前衛芸術、アンダー・グラウンド新聞の紙面作り、ヒッピー達が集まるサイケデリック・ミュージックのイベントにも参加している。レコーディングが終了した4月にドラッグの服用も公表した。

そうした〝非商業的文化〟のテイストを彼の天性のメロディセンスと音楽的豊かさと融合させたのが8枚目のアルバム『サージェント・ペパーズ・ロンリー・ハーツ・クラブ・バンド』でもあった。

イギリスのローリング・ストーンズやアメリカのビーチ・ボーイズが衝撃を受けたのは、その発想や方法論がポップ・ミュージックと呼ばれる従来の商業音楽の範《はん》疇《ちゆう》にはなかったものだったからだ。

ただ、彼らの〝遊び〟が必ずしも成功したとは言えなかったのが、その年の12月に放映されたテレビ映画『マジカル・ミステリー・ツアー』だった。監督・脚本はビートルズ自身。4人が乗り合わせた乗客と一緒に行く先も分からないバスツアーに参加するというロード・ムービーは、イギリスで75%という視聴率を記録したものの、音楽の評価の高さと裏腹に〝空前の失敗〟と酷評された。

去年(2012年)の暮れにBS放送でポール・マッカートニーの回想インタビューとともに放送された『マジカル・ミステリー・ツアー』を改めて見ていて、日本の劇作家、寺山修司を連想した。乗客の風体や表情に彼が67年に旗揚げした劇団・天井桟敷の舞台や映画に登場する役者に共通する〝見世物〟的な個性を感じたからだ。

70年代に寺山修司が行っていた〝市街劇〟も、役者と観客が劇場を飛び出して何が起きるか分からない〝ハプニング〟を体験するというものだった。

67年に彼が発表した評論集のタイトルはこうだ。

『書を捨てよ、町へ出よう』

同じ流れの中にあった。

まずは「家出のすすめ」

乱暴な言い方をしてしまえば、世界中の若者が新しい生き方を求めていた。

花をかざしてベトナム戦争に反対していたアメリカのフラワーチルドレン、パリ

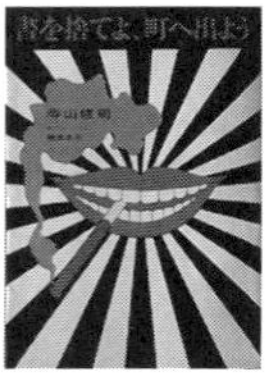

寺山修司
『書を捨てよ、町へ出よう』(芳賀書店)

5月革命を引き起こしたフランスの学生、中国文化大革命の原動力になった紅衛兵、独裁政権に立ち向かったチェコのプラハの春、日本中の大学で吹き荒れた学園闘争、そして、ミニスカートをはじめ原色ファッションが乱舞し、ピーコック革命と言われたスウィンギン・ロンドン――。

「個別の状況は違ったでしょうけど、それぞれが古い価値観や体制、権力から自立しようとしてましたよね」

1968年である。

前年にマネージャー、ブライアン・エプスタインの急死を経たビートルズが自分たちの会社、アップル・コアを設立したのは2月だった。

4人は、新たな拠点を元に、ソロ活動にも手を染めていった。いわばバンドからの自立だった。

「僕らも自立した運動体として始まってましたから、そういう自らのベースを作ろう、ファンの集まれる場所を作ろうという発想になっていったんですね」

現プロデュース・センター代表、元ビートルズ・シネ・クラブ会長、浜田哲生はそう言った。ビートルズ映画の自主上映団体として始まったビートルズ・シネ・クラブはその年、東京・渋谷の一等地にたまり場を借りた。

名前はこうだ。

アップル・ハウス——。

「千坪くらいの敷地の一角に地主の息子家族が住むために作った2階建ての洋館がたまたま空いていて、そこを借りたんですね。1階が喫茶店になるくらいの広めのリビング。僕は寝泊まりしてました。鍵はなかったですね」

既成の組織や団体とは一線を画して何かを始める個人が集まる自由な場——。ビートルズは、その年の春、全員で瞑想《めいそう》を体験しにインドに渡っている。帰国してから創り上げたアルバムが『ザ・ビートルズ』(ホワイトアルバム)だった。

アルバムタイトルは特にない。白地にバンド名だけが浮き出た通し番号つきジャケットの通称〝ホワイトアルバム〟。エリック・クラプトンやオノ・ヨーコも参加、4人が自分の世界を展開する2枚組は、それぞれの関心がバンドの外の世界に向き始めていることを示していた。

ジョンとヨーコが全裸のジャケットのアルバム『トゥー・ヴァージンズ』を発表したのは68年の末だ。二人が平和のための〝ベッド・イン〟を提唱するのは翌年の春である。

「始まりはファンの高校生のサロン喫茶みたいな発想だったんですけど、ビートルズ側の変貌もあって、お嬢様サークルじゃなくて、ジョンとヨーコの提唱した運動体的解放区になってゆく。早大のバリケードの中でビートルズを歌っていた、とい

ザ・ビートルズ
『ザ・ビートルズ(ホワイトアルバム)』(東芝音楽工業)

ジョン・レノン&・ヨーコ・オノ
『「未完成」作品第1番〜トゥー ヴァージンズ』(アップル・レコード)

うような全共闘の学生も来ましたね」

自立の第一歩はまず家を出ること――。

「書を捨てよ、町へ出よう」と言った寺山修司は「家出のすすめ」を説いた。浜田哲生が67年に友人達と書いた『ぼくらの大学拒否宣言』（三一書房）に推薦文を寄せたのも寺山修司だった。

アップル・ハウスは家出した若者たちやクリエーター志願者の〝駆け込み寺〟になった。

リンゴの家よ永遠に

「やっぱり、役割を終えたということでしょうね。サブカルチャーの時代が幕を閉じた。バンドの解散の後、71年に僕らも閉めました」

現プロデュース・センター代表、元ビートルズ・シネ・クラブ会長、浜田哲生は事務所兼フリースペースだった〝アップル・ハウス〟の閉鎖についてそう言った。

ビートルズは、1969年9月にバンドとしての実質的な最後のオリジナルアルバム『アビイ・ロード』を発売、有終の美を飾った。ポール・マッカートニーが正式に脱退を表明したのは70年4月だ。5月に形としての最後のアルバム『レット・

イット・ビー』が出た時はすでにバンドとしては存在しなかった。

「でも、ビートルズの本当の時代は解散した後なんです」

確かに解散、消滅してしまってからもこれだけ長く聴かれ、語られ続けているバンドは存在しない。

「絶頂期とまでは言わないでもある種完成された時に解散することになって何が起きたかというと、そのことがまた膨大な新しいファンを呼ぶことになった。そういう意味で『レット・イット・ビー』は大きかったと思います。レコード作りも含めた内部を全公開してくれた非常にマニアックな映画だったわけですから。そこに輪をかけたのが海賊盤ですね」

浜田哲生は、僕がこう言うと不謹慎に思われるかもしれないが、と言いながらこう続けた。

「ある意味では彼らは投げ出したわけです。解散によって制御不能の空域が出現した。それがビートルズの解釈自由という流れを生んだんですね。特に『リボルバー』あたりから、どうやって音楽を作ってるのか分からない、みたいな作品が続きましたから。そのプロセスがアウトテイク、海賊盤として膨大に流れ出た。コンサートをやめたことでライブ音源が貴重になって、それも市場に出るようになった。それらがビートルズとは何だという研究材料にもなっていったんですね」

バンドが存在しない中でのファンクラブ活動。60年代当時、日本にも数え切れないほどあったというファンクラブで健在なのは彼らくらいだろう。なぜそうなれたのか。

「自立した運動体だったことと、きちんとファンの方を向いていたからでしょうね」

従来のファンクラブのようにレコード会社の下部組織でもないし、従属もしておらずそこから自立している。フィルムを持って全国を回る上映運動やバンドコンテスト。そして「何よりも重要」という定期刊行物の発行――。

後に「日本に面白い男がいる」とビートルズ側と交流を持つようになって、高く評価されたのもその点だったと言う。それも70年代の終わりだった。それまでは純粋な自主組織だったことになる。

そうやって交流が生まれてから、彼らが68年、69年に送った来日公演の署名運動の記録が残っていることも判明した。

「まさかと思ったんですけど、ちゃんと届いていたんですねえ(笑)」

彼らが発行している月刊『ザ・ビートルズ』は、去年(2012年)の年末号で通巻461号だ。

その読者の中には、解散後に生まれたGLAYのTAKUROもいた。

ビートルズは世代を超えて聴かれ始めていた。

IX 石坂敬一 Keiichi Ishizaka

世界でビートルズ研究がどこよりも盛んなのは日本ではないだろうか。それも現役当時よりも解散後に熱が高まっていった。その流れを作ったのが、68年のアルバム『ザ・ビートルズ』(ホワイトアルバム)のアシスタントから関わった3代目ディレクター、石坂敬一である。1945年生まれ。音楽を文化として広めるという発想を持った稀有な存在。レコード会社の社長、会長、レコード協会の会長も歴任。彼が手掛けなかったら、日本のビートルズ文化は今とは変わったものになっていたかもしれない、と思う。

4人はアイドル!

「浜田さんと知り合いになったのは1969年頃ですね」

東芝音楽工業の3代目ビートルズ・ディレクター、現ワーナーミュージック会長、石坂敬一は、プロデュース・センター代表、元ビートルズ・シネ・クラブ会長、浜田哲生についてそう言った。

「その頃でもビートルズのファンクラブは僕の知っている限りでも六つくらいありました。真剣味と将来への展望などで彼のところはすごいと思って親しくなりました」

ビートルズがなぜ、これほど幅広く語られているのか。浜田哲生は、こんな話をした。

「解散してからの一種のクールダウンの時期にビートルズ再評価運動が起きる。その中心にいたのが石坂さんや僕、横尾忠則さんでしたね」

石坂敬一がビートルズを知ったのは、63年2月に糸居五郎DJのニッポン放送『ベスト・イン・ブリテン』でだ。父は、ビートルズ招聘《しょうへい》の窓口、東芝音工の石坂範一郎専務。入社したのは高嶋弘之から誘われたからでもある。最初の仕事が『ザ・ビートルズ』（ホワイトアルバム）のアシスタントだった。

彼が提唱したのがビートルズの音楽的、政治的、社会的、芸術的、それぞれの観点からの分析や正当な評価だった。

「武道館なんかも思わぬ人がコンサート評を書いてましたからね。それも音楽の専門家の発言はほとんど出なくて文化人とか医者とかのうるさくて聴こえない、というような話が載ってる。初めて見たコンサートがビートルズだったらそうでしょうけど、そういうことを言わずに知ったかぶりをしてる。はっきり言って4人の演奏は最高でしたよ」

ビートルズは一過性のヒットソング・アイドルではない。シェークスピアを生んだ16世紀エリザベス王朝時代の宮廷音楽や、吟遊詩人に通じる民族性や奴隷貿易で栄え米軍が駐留していたリバプールならではの雑居的な反骨精神もあり、ブリティッシュ・ロックの源流でもある——。

高校時代からイギリスの歴史や芸術に興味を持ち、大学ではイギリスの非商業音楽も研究テーマにしていた彼にはそう映っていた。そんな全体像は『イエスタデイ』や『ミッシェル』『ヘイ・ジュード』などだけでは伝わらない。

「それはそれで良いんですが、『アイム・ダウン』や『ヘルター・スケルター』とか『アイム・ザ・ウォルラス』『トゥモロー・ネバー・ノウズ』『ルーシー・イン・ザ・スカイ・ウィズ・ダイアモンズ』みたいな曲にはなかなかフォーカスがあたらない。ビートルスを理解するにはイギリスのオリジナルロックを尊重せよ、ロックのスピリットを掘り起こせということで浜田さんにも強く賛同してもらいました」

一般紙の文化面でそれぞれの切り口の論を展開する。全213曲を一晩で聴くコンサートイベントを開催する。イラストレーターやデザイナーにイメージを作品にしてもらう。その代表的な例が、ニューヨークの市立美術館に飾られていた1972年に横尾忠則が描いたポスターだろう。

「音楽は国境を越える。音楽は文化の源泉であることを示したのがビートルズ。60年代若者文化のあらゆるシーンに彼らはいましたね」

その精神は——。

彼は、そう言ってから「赤信号、みんなで渡れば怖くない、ですよ」と笑った。

X

岡本おさみ Osami Okamoto

この連載のタイトルは、企画がスタートした時にすでに決まっていた。というよりこれ以外には考えられなかった。言うまでもなく1973年に発売された吉田拓郎のアルバム『伽草子』の中の曲。作詞は岡本おさみ。1942年、鳥取県生まれ。ニッポン放送の『バイタリス・フォーク・ビレッジ』の構成作家をしている時に吉田拓郎と出会った。連載のタイトルに使わせて欲しいという希望も取材も快諾してくれ、なおかつ題字まで書いて頂いた。2015年、73歳で他界。その時のやりとりが彼との最後の会話になった。

女王陛下はいい女

この連載のタイトル『ビートルズが教えてくれた』は、1973年6月に出た吉田拓郎(当時は「よしだたくろう」名義)のアルバム『伽草子』の中の曲名である。作詞が岡本おさみだった。

「どんな時に書いたとかは全く覚えてないんですけど、タイトルが先に浮かんだん

よしだたくろう
『伽草子』(Odyssey/CBS Sony)

だと思います。他には考えられませんよね」

岡本おさみは、改めて、自分の書いた詞についてそう言った。「あのフレーズのきっかけになったのはもちろん、ビートルズのあの曲ですよ」

あの曲——。

と言っても代表曲でもなければヒット曲でもない。歌詞を見てすぐにどの曲の影響か分かる人は、ビートルズを一通り聴き込んでいる人ということになる。

日本発売69年10月の実質的な最後のアルバム『アビイ・ロード』の『ハー・マジェスティー』。最後の曲『ジ・エンド』の後のわずか23秒の〝おまけ〟のような曲だ。オリジナルのイギリス盤には曲名もクレジットされていなかった。マジェスティーというのは〝陛下〟の意味だ。こんな繰り返しで終わる。

〝女王陛下はとってもいい娘　いつの日か僕のものにしてみせるよ〟（『ハー・マジェスティー』内田久美子訳）。

「今、読んでも良い詞ですよ。何が良いかっていうと、女王陛下を普通の女の子に見て歌っているのがすごいですね」

アルバム『アビイ・ロード』をビートルズの最高傑作に挙げる人は多い。すでに方向性の違ってしまっていた4人が有終の美を飾ったアルバムであり、最後のメッセージ。特にアルバムのB面のメドレーの美しさは、ロックアルバムの域を超えて

ザ・ビートルズ
『アビイ・ロード』（東芝音楽工業）

いた。

　アルバムが発売された時、23歳の筆者は日本で最初のタウン誌『新宿プレイマップ』を編集していた。日本のサブカルチャーの中心地だった新宿に住んでいた女性人気イラストレーターは「アビイ・ロードのB面に〝神〟を見た」が口癖だった。寝起きのベッドの中で朝の光とともに『アビイ・ロード』を聴く、というのが流行の聴き方だった。

　ロックは夜中の音楽、という常識を覆したのもこのアルバムだろう。

　そのメドレーの大団円『ジ・エンド』の後の23秒。ポールが書いたという『ハー・マジェスティー』は、余韻も感傷もいなした軽い冗句のようにも聴こえた。65年に外貨獲得に貢献したとMBE勲章をもらった彼らならではの女王陛下への小粋な〝別れの挨拶《あいさつ》〟という解釈もある。

　ちなみに、ジョン・レノンが「イギリス政府のビアフラとベトナムへの政策、およびソロ・シングル『コールド・ターキー』（邦題『冷たい七面鳥』）がチャートから落ちたこと」に抗議して陛下に勲章を返還したのは、アルバム発売後の11月だった。

「この曲しか歌にしようと思わなかったですね。他の曲に参考やヒントになるものはなかったかな。他の曲はあまりにも有名だったからというのもあるでしょう。それ以上に、初期のビートルズが特にそうでしたけど、あの柔らかさやしなやかさは

プラスティック・オノ・バンド
『冷たい七面鳥／京子ちゃん心配しないで』
（東芝音楽工業）

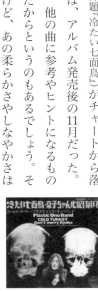

日本人の感覚とは違いましたよね。あれほどストレートで軽やかなラブソングは日本ではお目にかかったことはないでしょう」

ビートルズが教えてくれたこと――。

岡本おさみは「自由、でしょうね」と言った。

日陰を好んでいては…

作詞家・岡本おさみが書いた『ビートルズが教えてくれた』は主に二つの要素で成り立っている。

ひとつは〝髪と髭《ひげ》をのばしたボロを着ている〟人達についてのもの。そういう格好をして〝吹き溜《だ》まりのスナック〟で腕を組みながら〝うじうじ〟と〝考え深そうな〟顔をしている〝日陰ばかりを好んでいる〟人達に対しての〝もっと陽気でいいんじゃないか〟というメッセージである。

二つ目がビートルズだ。勲章をもらうのも、それを要らないというのも自由。手の届かない立場と思われる女王陛下とつきあってみたいと思うのも自由。欲しいものを手にするのも捨てるのも勝手というのは、まさにビートルズが見せてくれたことでもあった。そんな二つの要素を歌ってから〝ビートルズが教えてくれた〟と繰り返されてゆく。

「自分も含めてやっぱりウジウジしてましたよね。今もそういう若者もいるんでしょうが、あの頃は政治的なこともかぶってましたから、そこは少し違うかもしれませんね」

岡本おさみは、自分の書いた詞を見ながらそう言った。

彼は、1960年代の半ばからニッポン放送を中心に放送作家をしていた。42年生まれ。ポール・マッカートニーと同じ年だ。

その頃の生活のことを77年に出た自著『旅に唄あり』でこう書いている。

〝デモでよれよれになった軀《からだ》を深夜のスナックで仮眠させ、気がつくとまだ台本を書いていない。録音はその夜だ。慌てて山手線のホームで目眩《めまい》と吐き気をもよおし、柱にとっつかまっていると風を巻きこみながら電車がはいり、軀は倒れそうになるのだった〟

ベトナム戦争反対や70年安保改定反対。デモに加わったりするのは学生だけではなかった。彼も仕事の合間を縫って個人で参加していた。

69年、学生運動は東大の安田講堂の陥落を機に衰退し、代わって鬱屈《うつくつ》したような挫折感や無力感が若者達を覆うようになった。〝うじうじ〟した空気である。

岡本おさみが、詞を書くようになったのは、66年に始まったニッポン放送の『バイタリス・フォーク・ビレッジ』を担当するようになってからだ。森山良子や本田路津子らを送り出したアマチュアのフォークシンガーの登竜門だった。

「彼ら、彼女達の書いてきた詞はかならず見せて貰って、あまり拙いものは直したりしていて、詞を書く面白さを知ったんでしょうね」

60年代後半、若者の音楽は、生ギターのフォークソングかグループサウンズに二分されていた。彼は、フォーク系の音楽の紹介にたずさわっていたひとりだ。

「ビートルズは、そういう流れとは違うところで聴いていた」と言った。自分でも詞を書くようになり、洋楽の訳詞を注意して読むようになった。

「自分で訳してみたこともあるんですが、ビートルズは言葉が軽くてリズム感を持ってるんで日本語にすると止まってしまう。ディランは歌詞自体が難しいんですけど言葉数さえうまく減らして意味を伝えれば成立する。ビートルズは意味より音でしたね」

吉田拓郎は71年に『バイタリス・フォーク・ビレッジ』の4代目司会者として起用された。岡本おさみは「拓郎さんは誰よりも明るかった」と言った。

もっと陽気でもいい

「拓郎さんから、一緒に陽水のところに遊びに行こうって誘われたことがあるんです。彼にそうやって誘われたのはそれが最初で最後じゃないでしょうか」

ビートルズにまつわる印象的な出来事やシーンはどういうものですか。『ビートルズが教えてくれた』を書いた作詞家の岡本おさみは、こんな話をしてくれた。

「陽水さんの家に行ったら、二人でビートルズを一緒になって延々歌うんですよ。ほんとに楽しそうだった。二人とも自分の歌をうたってるより楽しそうに見えましたね」

吉田拓郎と岡本おさみはニッポン放送の番組『バイタリス・フォーク・ビレッジ』の司会と構成作家だった。彼が書きためていた詞を拓郎に見せるところからコンビが出来上がった。

「二人でこういう歌を作ろうという話はしたことがないんです。あくまでも彼が気に入れば歌う。一回目はまとめて渡しましたけど、後は郵送じゃなかったでしょうか」

中には彼にとって思いがけない詞が選ばれることもある。72年12月に出たシングル『おきざりにした悲しみは』がそれだったと言う。大ヒット『旅の宿』の次のシングルである。〝あいつが死んだ時もおいらは飲んだくれてた〟という一節がある。

「聞いたことはないんですけど、あの時の彼の心境だったんでしょうね。歌詞だけ見ると重いんですけど、彼がメロディーをつけるといきなりはじけるんです。一つの言葉やフレーズが踊り出す。他の人だともうちょっとしみじみしたものになりますよ」

行きつけだった飲み屋で酔っ払ってコースターの裏に走り書きした詞が歌になった。72年は連合赤軍のあさま山荘事件が、それまでの学生運動に対して決定的な幻滅をもたらした年でもあった。

彼は『ビートルズが教えてくれた』を「あの頃の自分に向けて書いたという面もありますよね」と言った。

「拓郎さんも陽水さんも番組ではビートルズ好きな面は見せてませんでしたね。『フォーク・ビレッジ』でもサイモン&ガーファンクルやディランはいてもビートルズを歌う人はいなかった。ですから二人でビートルズを嬉々《きき》として歌う姿に驚きました。本当に好きだったんですね」

〝フォークの貴公子〟として時代の寵児《ちょうじ》となった吉田拓郎は、繊細な声とメロディーで火がつき始めていた陽水ともども彼に素顔を見せようとしたのかもしれな

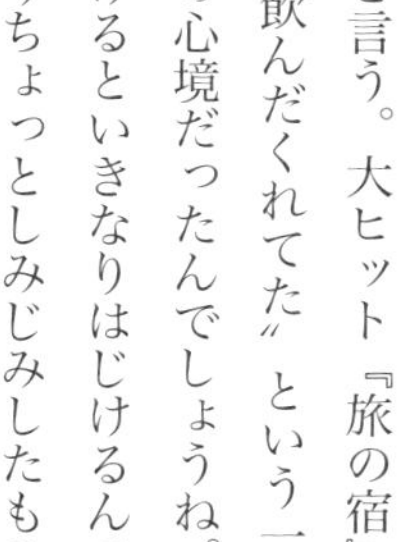

よしだたくろう
『旅の宿』(Odyssey/CBS Sony)

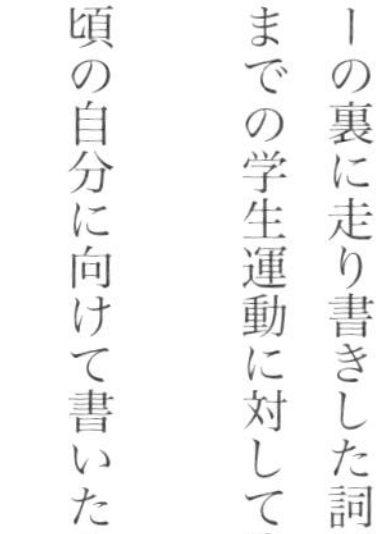

よしだたくろう
『おきざりにした悲しみは』(Odyssey/CBS Sony)

い。

「でも、ビートルズっていうのはそういう音楽、存在なのかもしれないですね。色んな人達が大好きでひとりひとりが好きなところも違う。ここが好きだって演説をぶつ人もいるし、グズグズあれこれ言うことを嫌う人もいる。そういうさまざまな面がありつつ歌うと色んな人の気持ちを解放してくれる。ディランはもっと好き嫌いがあるでしょうし、そんな風には楽しめませんよね。僕の中ではあの日の拓郎さんと陽水さんの二人が全てを物語ってくれてます(笑)」

吉田拓郎と井上陽水がともにビートルズを歌う。筆者もそんなシーンを目撃したことがある。81年春、ニューヨークでのことだった。

ビートルズが教えてくれたもの——。

それは世代によっても違うのかもしれない。

更《さら》にそれを辿《たど》ってゆきたいと思う。

CHAGE & ASKA

XI

CHAGE & ASKA

CHAGE & ASKA

色んな世代の人たちの話を聞く、というのがこの企画の最大の狙いだった。1930年代生まれ、1940年代生まれ。それぞれにその世代の音楽体験があり、受け止め方も違う。ビートルズ解散後に青春を送った世代はどうなのだろう。その対象となったのが1958年生まれのCHAGE&ASKA。福岡出身。79年デビュー。CHAGEのビートルズマニアぶりは広く知られている。ASKAにもビートルズの影響を感じさせる曲がある。何よりもアジアのビートルズと呼ばれたのが彼らだった。

まるで親戚のように

「ビートルズをリアルタイムで経験しているのは、僕らの年代まででしょうね。中学に入った時に『アビイ・ロード』でしたから」

1958年生まれのCHAGEは、ビートルズ体験について話す中でそう言った。

この連載は、デビュー50周年を迎えたビートルズが日本の音楽好きな若者にどんな風に受け止められ、どんな影響を与えていったかをたどってみようという趣旨だ。

前半の連載に登場したのは１９４０年代以前に生まれた人たちが中心だった。ここからは50年代以降の人たちの話が続いてゆく。ビートルズ第二世代になるだろうか。

ただ、そうした世代にとっても個別的な環境や人間関係によってきっかけに差違があるのは当然でもある。ＣＨＡＧＥにビートルズを教えたのは母方の〝親戚のおじさん〟だった。

「10歳くらいしか離れてないんですけど熱烈なファンだったんですよ。僕、物心ついた時からおばあちゃんの家に行くのが大好きだったんですね。彼の部屋にはギターはもちろん手作りのラジオやスピーカー、洋楽のレコードやポスターもあって、そこだけ別世界。コニー・フランシスやアニマルズとかエンドレスで聴かせてくれるんです。で、ある日突然、彼がビートルズを教えてくれたんですよ」

彼が小学校低学年の時だ。〝おじさん〟とは言っても実質的には〝お兄ちゃん〟という年齢だろう。

「来い、って言われて部屋に行ったら、すでにギターを弾いてジョン・レノンになりきってましたね。コピーもしてました。ジョンのパートは全部覚えていて、レコードをヴォーカルだけにして自分はギターを弾くんです。一緒に弾いてもぴたっと合う。それがまたおもしろかった。ファンクラブにもいくつも入ってましたし部屋中ビートルズ。盆暮れに遊びに行くと、その部屋に閉じこもっちゃう。毎日毎日ビートルズを聴かせて一緒に歌ってる。『この人たちは世の中を変えるばい』って言ってたのをものすごく覚えてる。僕には何言ってるんだろう、この人は、でしたけど(笑)」

小倉に住んでいたＣＨＡＧＥを福岡の中洲の映画館に連れて行く。ゴジラとか若大将を見たがるＣＨＡＧＥに「これは見れんね」と入った隣の映画館で上映していたのが『ビートルズがやって来るヤァ！ヤァ！ヤァ！』だった。

「自分が見たかったんでしょうね(笑)。僕は嫌々入った、という感じだったんですけど、映画の中で流れてきた音楽を全部知ってたんです。おじさんがいつもずっと歌ってたわけですから。中学くらいになって学校でもビートルズの話題が出たりした時には、もう誰よりも詳しくて語ってました。優越感はありましたよ。その辺からスイッチが入って傾倒してゆくわけです」

４人が長髪になれば、〝おじさん〟も髪を伸ばす。ジョン・レノンが丸いめがねにすれば同じものをかける。ＣＨＡＧＥにとっては、ビートルズは親戚のような身近な存在であったのかもしれない。

〝おじさん〟の部屋にはメンバー４人のブロマイドをあしらった手作りの額が飾っ

てあった。いつも「俺の宝物」と言って大事そうに眺めていた額の中に入っていたのは、66年の武道館の来日公演のチケットだった。

新しくなく懐かしい歌

「今になって、あのおじさんがいなかったら僕はここまで音楽をやっていただろうかと思いますね」

ＣＨＡＧＥは、自分にビートルズを教えてくれた〝おじさん〟についてそう言った。

「もし、音楽の道に行ってれば名プロデューサーになってたと思う。ギターもうまかったし、音楽理論もちゃんとしてましたからね。耳も良かったんでジョンのパートは全部弾けましたし、ハモって歌えてた。でも、近所では長髪の変人扱いだったんですよ」

ビートルズファンは少数派だった――。

そんな話はすでに前半の〝リアルタイム編〟で何度となく語られていた。財津和夫がビートルズのようなバンドを組みたいと思った時に、最大の難関が同好のメンバーを探すことだったという話もすでに触れた。

ＣＨＡＧＥより「10歳からせいぜい一回り」上の〝おじさん〟は、１９４８年生まれの財津和夫や井上陽水と同世代ということになる。

66年のビートルズ武道館公演を福岡から夜行に乗って見に行ったという〝おじさん〟の席は財津和夫と同じ3階席だった。もし、財津和夫と〝おじさん〟が、当時、出会っていたら、二人はどんな話をしただろうか。

「その時、会わせたかったですねえ。意気投合して〝おじさん〟がチューリップに入っていたかもしれない。なにしろギターだけじゃなくて『ラブ・ミー・ドゥ』のハモニカなんかも完璧にコピーしてましたし。解散の時にはかなり落ち込んでましたからね」

CHAGEとっては、すでに下地が出来上がっていたということになるのかもしれない。

中学に入って「異性に目覚めるように」本気で聴き始めたビートルズは〝新しい音楽〟ではなく〝懐かしい音楽〟だった。そんな彼の耳をとらえたのが井上陽水のデビューアルバム『断絶』だった。

「大好きで一番聴いたのがあのアルバムですね。フォークは中学生には言葉の意味が難しかった。陽水さんの曲は思春期にぴったりで、しかもどこかビートルズの匂いもする。陽水さんがビートルズが好き、というような雑誌の記事を見つけて、ウワ、同じだ、繋《つな》がった。と思ったのをすごく覚えてますね」

バンドのきっかけになったのはチューリップだ。ラジオから流れてくる『魔法の黄色い靴』を「ビートルズだ」と思ったところから始まった。高校でコピーバンドを組んでいたこともある。

隣のクラスにいたのがASKAである。彼は井上陽水のコピーやオリジナルを歌うバンドを組んでいた。

「放課後にチューリップの『ぼくがつくった愛のうた』を歌ってたんですよ。そこにASKAが来て『その曲いいね、お前、それ作ったん』と言うんで『いや、まあ』とか曖昧にしていたら『お前、すごーい』。あいつは俺の曲だと思ったみたい（笑）」

自分で音楽に目覚めてから疎遠になっていた〝おじさん〟と再会するのは、チャゲ&飛鳥としてデビューが決まってからだ。

突然、彼の家に姿を現した〝おじさん〟が「デビューするらしいね。お前にやるけん、頑張れ」と差し出したのが、額に入れて飾ってあったビートルズ武道館公演のチケットだった。

あれが機材の乗った船

チャゲ&飛鳥(現CHAGE&ASKA)がシングル『ひとり咲き』でデビューしたのは1979年8月25日だった。

二人が出会ったのは、その4年前、75年、福岡第一商業高校(当時)3年の時だ。放課後に隣のクラスで歌っているお互いを意識するようになった。第一経済大学(同)入学後もそれぞれのバンドで活動していた。

大学3年生の時の78年、第15回ポピュラーソングコンテストの福岡大会では、CHAGEがグランプリ、ASKAは最優秀歌唱賞。九州大会に駒を進めたCHAGEのサポートにASKAが加わったことでその原型が誕生。その年の秋の第16回にチャゲ&飛鳥として出場した。

つまり、それぞれの音楽の成り立ちは違う。

ビートルズに対しても、ASKAは、こうだった。

「周りがあんまりビートルズというんで割と冷めた目で見てましたね。照和(福岡にある伝説のライブハウス)にもビートルズばっかりやるバンドもいましたし。ビートルズみたいにマッシュルームカットにした若者が街を歩いていたり。何が格好いいんだろうと思いましたから。そういうのが嫌で抵抗があったんでしょうね。チューリップも福岡の先輩というより、〝成功した人たち〟として見てました。彼らがビートルズを下地にしていると気づいたのも随分後になってからですよ」

チャゲ&飛鳥
『ひとり咲き』(ワーナー・パイオニア)

時代が変わっていた。66年の武道館公演から10年あまり。ビートルズは、すでに認知された音楽になっていた。

グループにしろバンドにしろ、メンバーそれぞれの音楽性が合体したところに成立する。CHAGE&ASKAの作品の中にビートルズを見ることは多くないだろう。特に初期の頃はそうだ。

とはいうものの、二人の中にビートルズが存在しなかったわけではない。

80年、ビートルズのメンバーにまつわるニュースが思わぬ形で世間を賑《にぎ》わせることになった。

1月、来日したポール・マッカートニーは大麻所持の疑いで成田空港で現行犯逮捕され、彼のバンド、ウイングスの日本公演は中止になった。ポールは75年にもやはり、薬物の犯罪歴が理由で来日出来なかった。66年の武道館以来のコンサートはこの時も実現しなかった。

CHAGEの反応――。

「泣きましたねえ。機材はもう東京湾に来ていると聞いたんでお台場の方に見に行きましたもん。あれがポールの機材が載った船だ、って。本当にそうだったかはわかりませんけど(笑)」

ジョン・レノンがマンハッタンでファンを自称する男の凶弾に倒れるのは、その

CHAGE & ASKA

年の12月8日だ。

CHAGE&ASKAは、2枚目のアルバム『熱風』のレコーディング中だった。

「知ったのはリズムか何かを録《と》ってダビングに移ろうかという時でしたね。みんな黙り込んでしまって駄目なんです。ミュージシャンもごめんなさい、今日は弾けないって解散したのを覚えてます」

ASKAはこう言った。

「これだけみんなが言ってるビートルズをちゃんと聴いてみようと思ったのは、本格的に曲を作るようになった4年目くらいですね」

彼は何を感じ取ったのだろうか。

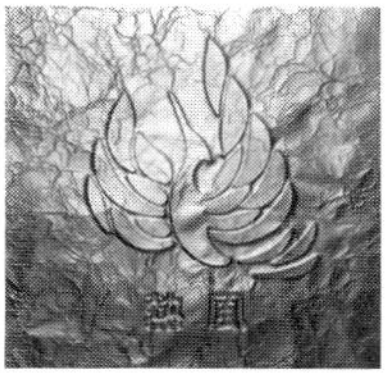

CHAGE & ASKA
『熱風』（ワーナー・パイオニア）

譜面台なんて言語道断

ビートルズをリアルタイムで聴いていた世代と、その後に出会った世代の違いの一つに持っていた情報量がある。

メンバーの顔と名前も一致しないままに音に夢中になることから始まった1960年代。すでに様々なデータが出そろっていた70年代。その中には〃マネージメント〟というテーマもあった。

「ビートルズに関する文献を読んだりして、ブライアンがどういうことをしたか、ということは知ってましたからね。この仕事に入ってからはずっとずっと意識してました」

というのはCHAGE&ASKAのマネジメント・オフィスだったリアルキャストの代表、渡邉徹二である。

リバプールとドイツのハンブルグを行き来しつつクラブで演奏していたビートルズが、世界的なスーパーグループに上り詰めるまでの過程にマネージャー、ブライアン・エプスタインの功績を認めない人はいないだろう。

リバプールのレコード店の「NEMS」を経営していた彼がマネージャーに就任したのは62年1月。マネージメントに素人だった彼が、初めてキャバーン・クラブで会ってからわずか2ヶ月の間にメンバーの信用を勝ち取ったのは、イギリスの四大メジャーと言われたレコード会社のオーディションを決めてきたからだった。革ジャンにリーゼントという50年代のロックンロールファッションだった彼らを、襟なしスーツにネクタイという洗練されたスタイルに変えたのが彼だったことは広く知られている。

渡邉徹二は、東京の練馬で育った。学生時代には洋楽アーティストの招聘《しょうへい》に関わったこともある。73年に入社したヤマハ音楽振興会での最初の仕事は新人の教育係だった。『夕暮れ時はさびしそう』で知られるフォークグループ、NSPの初代のマネージャー。中島みゆきの『わかれうた』を1位にした時の宣伝担当でもある。CHAGE&ASKAのデビューに際してマネージャーになった。

「彼らとの間でビートルズの話が出たのはライブをやろうという話になった時ですね。二人は座ってやりたい、しかも譜面台を置いてやりたいと言ったんですよ。僕は、何それ、かっこ悪いと思ったんです」

吉田拓郎や井上陽水はじめ70年代のフォーク&ロック系のアーティストのライブは目の前に譜面台を置いて歌うものが多かった。生ギターのフォーク調の曲が多かったCHAGE&ASKAにとっては、自然な選択でもあった。

「駄目出ししました。僕はビートルズみたいなステージがやりたかった。ジョンとポール、ジョージとジョン。二人でハモったりするのが格好いいと思ってましたし座って譜面台なんて言語道断。アクションも出来ない。自分の歌なんだから覚えろって言ったんです。CHAGEはビートルズ好きで、おじさんがきっかけだったってその時に言ってましたね」

ただ、それまでにもアーティストとマネージャーという関係の中でそれに近い例は日本でも珍しくはなかったかもしれない。

彼が、ブライアン・エプスタインをより特別な存在として意識するようになるのはもう少し先だ。

「二人が海外を目指す、と言った時からですね」

それが結実したのが94年のアジアツアーだった。

真似できない自由さに

「デビューして4年くらい経《た》ってビートルズを改《あらた》めて聴いた時があるんですね。何のアルバムだったか覚えてないですけど、1曲目を聴いたら、あ、これ知ってる。2曲目も3曲目もそうだった。アルバムの曲をほとんど知ってたんですよ。これはすごいことかもしれないと、ちゃんと聴いてゆくことになるんです」

ASKAは、自分の遅まきながらのビートルズ体験をそう言った。

チャゲ&飛鳥はどこか木訥《ぼくとつ》とした学生気分を残したフォーク・デュオだった。それが変わってゆくのは84年頃だ。バラードに明らかな変化が見えた。ASKAがそうやってビートルズを本気で聴くようになったという時期と重なり合った。

「言葉にすると難しいんですけど、僕なりに聴感、体感したビートルズっぽいフレーズがちょこちょこ出始めるんです。そうすると周りの反応が違う。気持ちよがってくれる。どこに反応してるんだろうと思って分析に入るんです。専門的に言うとコードとメロディの絡み方。フレーズの入り口と出口、特に出口に独特な特徴がありますね」

ASKAが「僕だけじゃなくみんな気づいていると思う」というように同じ感想を口にするミュージシャンは多い。音の組み合わせや構造が通り一遍になっていない。

なぜそうなのか。ビートルズの楽曲分析が今も行われる最大の所以《ゆえん》だろう。

「ともかく気持ち良いんですね。しかも斬新なことをやってる。もし、計算でやってたとしたらすごいものですよね。それだけじゃないすごいことが展開されている。ジョンとポールのお互いが違うものを望んでいたはずが、プロデューサーのジョージ・マーティンが一つの曲に合体させてしまったり。でも、彼らにとってはそれが自然だったんでしょうね。ミディアムからバラードに関しては追従を許さないものがありますね」

とは言え、CHAGE&ASKAの作品の中に明らかにビートルズの曲との関連が特定出来るものは多くないのではないだろうか。

「ぽいフレーズというのはありますけど、何の曲に影響されて、というのは、僕の中にはないでしょう。曲って不思議なもので、似せて作ろうと思うと絶対にばれる。

何気なく出てきたものって自分のオリジナルと思って堂々と歌ってるんでそうは聴こえないんですね。それはジョンもポールも同じだったんじゃないでしょうか」

そうやってプロのソングライターとして改めて向き合ったビートルズが、ASKAに教えてくれたことは何だったのだろう。

「僕は楽典を勉強して音楽をやっている人間じゃないので、仮にそれがトリッキーなやり方だとしても気持ち良ければ成立すると思ってるんです。それは、ビートルズの誰にも真似《まね》の出来ない気ままさ、自由さを知ったからでもあるでしょうね」

例外は、CHAGE&ASKAの95年のアルバム『Code Name.1 Brother Sun』の中の『ある晴れた金曜日の朝』ではないだろうか。

誰がどう聴いてもビートルズ。しかも〝ビートルズに生まれりゃ良かった〟とまで歌っている。ASKAが「遊び」というあの曲をCHAGEはどう思ったのだろうか。

CHAGE & ASKA
『Code Name.1 Brother Sun』(ポニーキャニオン)

リバプールで落書きを

「畏《おそ》れ多い。恐い物知らずっていうのはこういうことかと思いましたよ。ASKAに言ったもん。よくまあ、って。彼は、よく知らんけん、いいんだと言ってましたけど(笑)」

ＣＨＡＧＥは、ＡＳＫＡが１９９５年のアルバム『Code Name.1 Brother Sun』の中で書いた『ある晴れた金曜日の朝』についてそう言った。

高らかで陽気なホーン、サイケデリックな音色のメロディ、絡みつくように華やいだコーラス――。

アルバム『サージェント・ペパーズ・ロンリー・ハーツ・クラブ・バンド』『マジカル・ミステリー・ツアー』や『ストロベリー・フィールズ・フォー・エバー』『ヘイ・ジュード』など中後期の特徴を織り込んだ曲調。今度生まれ変わるとしたら希望はビートルズと歌い〝We are BEATLES!〟という歌詞もある。ビートルズに対しての遊び心満載のオマージュのような曲だった。

「ビートルズは5人だったという話を聞いたことがあって、もし、そこに自分がメンバーとして加わったらという設定でしたね。こいつ、何言ってるんだろうと言われるような背負った曲を作ってみたかったんですよ」

作者、ＡＳＫＡの弁だ。

ＣＨＡＧＥとＡＳＫＡの中のビートルズ――。

ＣＨＡＧＥはこう言った。

「チャゲアスとしてはそんなにあからさまにはやってませんけど、曲を作る時には、ビートルズを全部聴いてやってましたから。僕の中ではバイブルですよね」

二人の活動の中で、海外が舞台になってくるのは80年代の後半からだ。86年の大《おお》晦日《みそか》、フジテレビの『世界紅白』でロンドンを訪れたことがきっかけだった。

「それまでは日本で一番、というだけで海外という意識はなかったですね。あの時のロンドンはASKAには新鮮な刺激になったでしょうし、CHAGEにとっては言わずもがなでしょう」

デビュー当時のマネージャーであり事務所の代表となった渡邉徹二はそう言った。

90年の彼らのアルバム『SEE YA』はASKAが半年間ロンドンに滞在、後にCHAGEが合流して現地でレコーディングされた。

CHAGEがリバプールを訪れたのもその時だ。

「嬉《うれ》しかったですねえ。港があって山があって工場地帯。北九州にそっくりだった。行けばわかります。福岡と風土がよく似てる。あそこは労働者の街でしたから、みんなキャバーンみたいなライブハウスで憂さを晴らしていたんでしょうね」

同じビートルズ・ファンでも、リバプールに行った時の反応はまちまちだ。

「完全にミーハーですよね。すみません。今はそんなこと出来ないようになってますがストロベリー・フィールドに落書きしました。ペニーレーンの近くに『イン・マイ・ライフ』を書いたであろうパブがあるんですよ。そこの古そうな机にもマッ

CHAGE & ASKA
『SEE YA』（ポニーキャニオン）

キーでCHAGEって書きました(笑)」

彼らは92年のアルバム『GUYS』も、そうやって制作した。そのレコーディングで使ったアビイ・ロード・スタジオの壁に〝署名〟をするCHAGEを見てしまった。

もちろん、そんなことをしてはいけない。

〝史上最大の作戦〟だ!

「もし、ブライアン(エプスタイン)のことを知らなかったら、ああいう形にはならなかったかもしれませんね」

CHAGE&ASKAの元マネージャーであり、彼らの事務所、リアルキャストの代表だった渡邉徹二は1994年から始まったアジア・ツアーについてそう言った。

彼らの活動の中で海外の舞台が増えるのが91年のシングル『SAY YES』発売後だ。13週連続1位という記録的な大ヒットにドラマ『101回目のプロポーズ』の海外での放映も相まってアジアでの知名度も急上昇する。

モナコで行われた音楽祭にアジア代表として招かれ〝ワールド・ミュージック・

CHAGE & ASKA
『GUYS』(ポニーキャニオン)

CHAGE & ASKA
『SAY YES』(ポニーキャニオン)

アワード〟を受賞したのは93年の5月だった。その直後から香港やシンガポールなどのキャンペーンに出向いてる。

「マドンナのプロデューサーにアジアでどのくらい売れてるんだ、って聞かれたんですよ。欧米の音楽業界の方がアジアに目を向けていた。アジアでの著作権問題がクリアされてきて、日本のレコード会社も遅まきながら関心を見せ始めていた。そこに香港からすごい人気だから来てほしいと口説きに来たんです」

自分が手がけるアーティストが海外で成功する――。

それは、マネージメントに携わる人間にとって最高の夢だろう。その最たる例がビートルズだった。

アジアで日本のアーティストの単独コンサートが行われるようになったのは80年代の初めだ。81年8月、谷村新司の北京工人体育館、9月、西城秀樹の香港クイーンエリザベス・ホール、82年2月、五輪真弓の香港スタジアムなどが皮切りだろう。

ただ、海賊盤が横行する著作権環境の遅れも敬遠され、その後に目立った動きは多くない。ほとんどが日本からファンを連れて行くファンクラブツアーの類いだった。

CHAGE&ASKAは違った。93年から94年にかけて全70本のツアー「史上最大の作戦」をそのままの形で持って行くというものだった。11トントラック数十台。そんな規模で海外に出て行った日本人アーティストの前例はない。

「ビートルズのアメリカ公演の時にブライアン・エプスタインが何をやったかを徹底研究しましたね」

ビートルズ以前のイギリスのアーティストはことごとくアメリカで辛酸をなめている。もちろん本人たちと彼らの作品の魅力が前提にあるとはいえ、成功の下地を作ったのがマネージャーのブライアン・エプスタインだ。

たとえばイギリス本国とアメリカとでシングル曲を変える。アルバムの曲順も同じではない。それぞれの国に合わせてヒットしそうな曲を使い分ける。全国のFM局をフル活用したオンエア作戦。彼らがその街に来る前から曲を浸透させ盛り上がりを作っておく。さらに、自分たちの権利の強い主張がある。66年の武道館公演の時にブライアンが録音されたテープをイギリスに持ち帰った話は有名だ。

「まず曲を浸透させよう、向こうの歌手に歌ってもらって、その後に、彼らが出て行く。谷村さんの『昴』は作者不明の歌、みたいに扱われたりしてましたから」

アジアでの〝史上最大の作戦〟はそうやって始まった。

音楽は国境を超える

ＣＨＡＧＥ＆ＡＳＫＡのアジアツアーは１９９４年４月29日、香港コロシアムから始まった。

香港を２日間、シンガポールを２日間、そして、台北を１日という３ヶ所５公演。95年と96年にも国内のツアー「MISSION Impossible」の合間を縫って台北を２日間、香港を２日間、シンガポールを１日という５公演を同会場で行っている。香港は１万人収容の武道館クラス、台北は２万人収容の野球場だ。

それは片手間のライブではなかった。

「ツアーが決まった時、最初にプロモーションに行ったのがシンガポールにあるＭＴＶアジアだったんです。当時、音楽チャンネルはＭＴＶしかなかった。そこに行けば自分たちの音楽が国境を超えてゆくと思ったんですね。そうしたら日本人で来たのは君たちが初めてだ、って言われましたよ」

ＣＨＡＧＥ＆ＡＳＫＡの元マネージャーで、彼らの事務所、リアルキャストの代表だった渡邉徹二はそう振り返った。

ビートルズのアメリカツアーに際して、最初にテレビのエド・サリバン・ショーに出るべきだと進言したのがブライアン・エプスタインだったと言われている。記者会見で、ジョン・レノンに「ベトナム戦争については聞かれても答えるな」と口止めをしたのも彼だ。どうすればその国の人たちに好感を持ってもらえるか。

「MTVはプライムタイムに全域向けの10時間の特番を組んでくれましたからね」

MTVからは香港のCHAGE&ASKAのファンを日本のツアーに派遣して、二人の楽屋裏からリポートさせたいという交換条件もあった。

「マイケル・ジャクソンもワールド・ツアーで同じ事をやったと言われて、じゃあいいやと言いました(笑)」

渡邉徹二のやり方は「日本式の排除」だった。

「謙譲の美徳、低姿勢にならない。欧米のアーティストは契約も要求もきつい。僕もデータを見せて我々《われわれ》はアジアでこれだけ売れてるんだと不遜な態度で臨みましたね(笑)」

通訳を介さないところで現地スタッフからの「生きて香港を出られると思うな」という脅し文句もあったという。

「香港の初日はさすがにこみ上げるものがありましたよ。これだけの人がCHAGE&ASKAに熱狂している。全部外国人。日本からファンを連れて行きませんでしたからね。ビートルズが最初のアメリカツアーの時に、イギリスからツアーを組みましたか。ともかく現地の人に聴いてもらうことに徹したんです」

筆者は二度のアジアツアーに取材で同行した。

アジアにはコンサートを立って聴くという習慣がなかった。客席の周囲には制服を着た公安が目を光らせている。曲が増えるに連れ、恐る恐る腰を浮かしていた人たちが、思い切って立ち上がる。『SAY YES』や『男と女』を片言の日本語で一緒に歌う。そんな張り詰めたような熱気が『YEH YEH YEH』で爆発した。それはどこの会場でも同じだった。

「近年、アジアに行くと若い時にCHAGE&ASKAを見て業界に入ったという人がすごく多い。それは嬉《うれ》しいですよね。我々がビートルズを見て音楽の世界に行こうと思ったようなものですから」

もちろん規模も影響も天と地ほど違う。でも、ビートルズが音楽は国境を超えると教えてくれたのと同じ地平にあることは間違いなかった。

世界に触れた握手から

「ほんとに気配りの人だなあと思いましたね。成功した人たちでも勘違いした人は生き残れない、普通の世間とちゃんと交われるような感覚を持った人が残って行けるんでしょうね」

ＡＳＫＡは、ポール・マッカートニーのファミリーパーティで会った彼の印象についてそう言った。

偶然の出会い。アルバム『SEE YA』のレコーディングの時にスタジオを間違えた彼の事情を聞き、正しいスタジオの地図を書いて、そこに連絡を取ってくれた女性がいた。

「ロンドンに来てこんなにきれいな女性に親切にしてもらった、いきなり惚《ほ》れてしまうよなと思ったら、彼女がポールの娘だったんですよ（笑）」

そのことを知ったのは、１９９０年1月、ロンドン、ウェンブリー・アリーナでのポール・マッカートニーのコンサートに招かれ、楽屋で案内を待っている時だ。通訳をしてくれるスタッフの前を彼女が通った。驚いたＡＳＫＡが「ここで何をしてるんだ」と声をかけると、今度は通訳が「何でポールの娘を知ってるんだ」と驚く番だった。彼女はポールの部屋で行われたパーティにも同席していた。二人を「知り合いなのか」と驚いたのはポールだった。

「ポールはみんなと話をしている時に、その会話の締めくくりの時に、必ず僕の方を見て話してくれるんですよ。この人は今日の僕のゲストなんだ、ってみんなに意識させようとしたんでしょう。本当に成功した人ほど、そういう面で普通の人になってゆくのかと教えられた感じでした」

60年代当時からビートルズファンの中には、〝ポール好き〟と〝ジョン好き〟と分かれる傾向があった。

ASKAはこうだ。

「ウイングスから入ったんで、ポールの分かりやすくて気持ち良いメロディが好きだったんですね。自分の感覚で聴いていたんで、ビートルズはポールだと勝手に解釈してたんです。でも、ある時、ジョンの曲がものすごく好きかもしれないと思うときがあった。どっちが書いたか聴けばわかりますからね。ポールは秀才が天才になった人、何を持って天才と言うか難しいですけど、ジョンは天才肌。特に言葉の強さで言えば、ジョンのカリスマ性は大きかったと思いますね」

ASKAは93年11月の日本公演の2日目にポールと再会している。テレビ局が企画した特別番組の対談相手にポールが指名してきたのが彼だった。

70年代にウイングスを率いて行われていたポールのツアーは80年代に入ると行われていなかった。89年から始まった約10年ぶりのワールドツアーの2回目。本編が『ドライブ・マイ・カー』に始まり『サージェント・ペパーズ・ロンリー・ハーツ・クラブ・バンド』。演奏曲目の大半がビートルズナンバーというファンには涙なくしては見られないツアーだった。

ＡＳＫＡは、開演前にポールと会う時に、元マネージャーで事務所の代表、渡邉徹二にこう声をかけている。

「今日、一番嬉《うれ》しいのはナベさんじゃない」

渡邉徹二は、ポールと握手した時、「世界に触れた」と思った。

彼がＣＨＡＧＥ＆ＡＳＫＡのアジアツアーの実現に本腰を入れるのはその後だった。

一度立ち止まり、次へ

「僕のアルバム『Kicks』は、ビートルズからの脱却というのがテーマだったんです。ある意味でコンプレックスになってたんでしょうね」

自分の作品とビートルズという話をしながらＡＳＫＡはそう言った。

彼の５枚目のソロアルバム『Kicks』は、１９９８年３月に発売になっている。

その時のインタビューで彼が語っていたのは〝ロックとクラブの融合〟である。日本でも広がり始めていたクラブミュージックを意識した先鋭的なアルバムは、それまでの彼のソロとは印象が違った。

その１年前、97年のアルバム『ONE』は、３人のイギリス人プロデューサーを起用してロンドンで制作された。ミュージシャンの中にはポール・マッカートニー

ASKA
『Kicks』（東芝EMI）

ASKA
『ONE』（東芝EMI）

の89年から90年のワールドツアーのメンバー3人もいた。

それが一つの区切りだったのかもしれない。

「今、全世界にビートルズみたいな楽曲やもっとすごい曲を書いている人はたくさんいる。ここでそういうテイストを入れようと思えば簡単にできます。だから余りやっちゃいけないんですね。あの時代ということを考えるとほんとにすごいと思う。あんなバンドは出てこない。音楽業界を変えてしまいましたね」

彼は、最後にこう言った。

「ポールは70歳のあの年でオリジナルの原キーを変えずにシャウトできる。僕もまだ変えてませんけど、ああいう人がいてくれるというのは個人的にも大きいことですね」

ビートルズからの脱却、あるいは卒業——。

CHAGEはどうだろう。

「あんまりビートルズ好きって言ってたんで、億劫《おっくう》になった時期もありました。でも、また来るんですよ。卒業という意識は全くないですね。ビートルズからオアシスにも行ってますし、イギリスのバンドが好きなのもビートルズの影響を受けてるからですよ」

彼のバンド、MULTI MAXのアルバム『RE-BIRTH』には、アルバム『ア

CHAGE presents MULTI MAX『RE-BIRTH』(ヤマハミュージックコミュニケーションズ)

ビイ・ロード』のB面のような『組曲WANDERING』、『Oki doki!』には『Mr. Liverpool』、ソロの『&C』には『All You Need Is Live』という曲もある。

その極め付きが、ツアー「まわせ大きな地球儀」に登場したバンド〝チャゲトルズ〟だろう。アルバム『サージェント・ペパーズ・ロンリー・ハーツ・クラブ・バンド』のジャケットのような格好と音。リバプールから来日という設定だった。

「20代、30代でやったら畏れ多いですよ(笑)。ジョンの死んだ40を超えた時も妙な気分でしたけど、それを軽く超えて50代も半ばでまだ音楽をやってる。今なら遊んでも良いかなと。去年のオリンピックの時のポールの『ヘイ・ジュード』も感動しましたもん。地球規模で歌える。あんな歌、ないですよ」

この連載のための取材は、２０１２年の12月、ソロ活動中の二人を個別に行った。

ＣＨＡＧＥはその中でビートルズの解散に触れつつこんな話をした。

「バンドっていうのは一度は立ち止まって動きを止めないといけない。ビートルズはそのまま別れちゃったけど、僕らは休止ですから。また何かあれば動くでしょうし、また一緒にやりたい。お互いそうでしょうけどね」

ＣＨＡＧＥ＆ＡＳＫＡ復活が発表されたのは２０１３年1月25日だった――。

CHAGE presents MULTI MAX
『Oki doki!』(EMIミュージック・ジャパン)

Chage
『&C』(ユニバーサルシグマ)

XII

高橋まこと Makoto Takahashi

もし、ビートルズに出会わなかったらバンドはやっていなかったという人は多い。それもプロアマを問わずである。そうした「やってみたい」と思わせた日本のバンドの筆頭がBOØWYではないだろうか。80年代後半のバンドブームの時にコンテストの出場バンドの大半が彼らのコピーだったことがある。60年代生まれの氷室京介・布袋寅泰・松井常松の3人に54年生まれの高橋まことが加わったのは82年。ビートルズからビートパンクへの移行期の当事者が彼だ。

タイガースに負けてる

こうやって何人かの話を聞いていて、あらためて時代の違いを感じることがいくつもある。

たとえば、音楽の伝わり方だ。どうやってビートルズを知ったのか。最大の影響力を持っていたメディアがラジオだった。具体的に言うと、文化放送系列の『９５００万人のポピュラーリクエスト』だろう。

「毎週、あの番組のチャートをノートにつけてる小学生だったんですよ。他では聴けなかったですからね。いきなり何曲も入ってきて、子供心にすげえ、ベンチャーズより売れてるんだと思いましたね」

と言ったのは、元BOØWYのドラマー、高橋まことである。福島のビートルズ少年だった。

「小学校4年生だったんじゃないかな。もう友達のお兄ちゃんがレコード持ってて、『これ、ビートルズだぜ』って周りに聴かせてましたからね」

彼の生まれは1954年。チャゲが言う「リアルタイムで知っている最後の世代」だ。最初に買ったシングル盤はベンチャーズの『10番街の殺人』だった。

「ギターのテケテケテケに惹《ひ》かれて買ったんだけど、ビートルズを聴いてから、もうテケテケじゃないなって。歌のハーモニーだったりジャーンという響きの方が格好良かった。中学1年の時に武道館があって、そこからはずっとビートルズでしたね」

彼らの情報をどうやって集めるか。ラジオともう一つが雑誌だった。

「写真もありましたからね。雑誌は大きかった。みんな同じ格好してましたし、髪の毛もあんまり長くない。俺たちも出来るかもしれないねって思えた。やればやるほど難しかったんだけどね(笑)」

俺たちにも出来るかもしれない――。

それこそが60年代の若者が受け止めた最大のメッセージだろう。福岡でも東京でも福島でも、日本全国の少年たちが、彼らのようになりたいとバンドを組んだ。

「ただ、東京とは温度差がありましたよ。映画だって封切りじゃなくて妙な映画と2本立てで、それもかなり遅れて来てたんじゃないかな」

彼が初めて見た映画は小学校6年の時に見た『ヘルプ！ 4人はアイドル』だった。朝、学校に行かずにそのまま映画館に向かう。同時上映のもう一本の間は館内のベンチや座席で寝ている。二番館には客席の入れ替えなどない。係員に「もう帰りなさい」と押し出されるまで一日中そこにいる――。

「お客はたいてい一杯でしたよ。でも〝キャー〟はあまりなかったね。どっちかというとタイガースの『世界はボクらを待っている』系の映画の方がキャーキャー言ってたかな。うるせえな、お前ら、映画なんだからって思ったけど、ビートルズにはなかった気がしますよ」

ビートルズよりタイガース。それが東京から特急で3時間、新幹線もない時代の福島の10代の現実だった。

高橋まことが初めてバンドを組んだのが中学生の時だ。2年生になった時に買ってもらった彼のドラムが要になった。「うるさくて俺の家が駄目で、友達の家の敷地にあった離れに置いてたんですよ」

そんな福島の田舎にオノ・ヨーコがやって来るのは74年の夏のことだった。

全部彼女が駄目にした？

「ビートルズが教えてくれたことって言うと、ちゃんと勉強しろってことかな」

元BOØWYのドラマー、高橋まことは、自分の10代のことを話しながら、苦笑いしつつそう言った。

「『ホワイトアルバム』が出たのが中3の時だったんだけど、ビックリしちゃったんだよね。言葉が悪いけど、ここまで散漫なアルバムはなかなかないだろう、何だこれって面白くなって聴きすぎてしまい、勉強どころじゃなくなったんですよ。おかげで受験に失敗、一浪。ビートルズのせいにはしたくないけど、聴き過ぎだね（笑）」

彼は、ビートルズ初の2枚組アルバム『ザ・ビートルズ』（ホワイトアルバム）を〝人生の岐路に立たされたアルバム〟と呼んだ。日本発売は1969年1月。まさに受験直前だった。高校浪人した彼は、県下一の進学校に進んだ。ビートルズ解散の知らせを聞いたのは高校に入ってからだ。

「誰が悪いんだろうとか考えましたよ。何で、とか。ポールとジョンの喧嘩《けんか》別れかとか。ジョージとリンゴはきっと何も言ってないんだろうなとか。『レット・イット・ビー』も福島の映画館で学校さぼって見に行きましたね」

リアルタイムでビートルズを経験した世代にとって重要な情報源のひとつが映画だった。解散直前のバンドの空気は、スタジオやレコーディングの様子を納めた映画『レット・イット・ビー』から推測するしかなかった。

中でもジョンに寄り添うように写っているオノ・ヨーコの存在が嫌でも気になる。そんな映画でもあった。

「俺はどっちかと言うとレノン派だったかな。どっちも天才なんだけど、ポールは努力家。ジョンは発想にしても突拍子もないことが出てくる人。だけど、ヨーコさんに対しては最初は『何だこの女』。当時は、彼女が全部駄目にしたんじゃないかと思ってましたからね。日本人の恥だとか。もちろん今は、違いますけど、真実は分からない。色々《いろいろ》あるんじゃないかな」

ジョン・レノンが前衛芸術家、オノ・ヨーコとロンドンの画廊で開かれた彼女の個展で出会ったのは66年11月だ。天井に向けてかかった梯子《はしご》に上って小さな穴を覗《のぞ》くと奥に〝YES〟という文字が見えるという作品。破壊や否定ばかりの〝NO〟の前衛芸術に退屈していたジョンが新しい価値観に出会った瞬間としても語り継がれている。

当時そこまでは知るよしもない。彼女は〝ビートルズを壊した謎の女〟でもあった。

オノ・ヨーコが、ジョン・レノンのレコーディングメンバーらを集めたバンド、プラスティック・オノ・スーパー・バンドを率いて来日したのは74年8月だった。福島県郡山市の開成山陸上競技場で開かれた11日間にわたる野外イベント、ワン・ステップ・フェスティバルに出演するためだ。スローガンは〝街に緑を　若者に広場を　そして大きな夢を〟である。

主催は地元のブティックのオーナーだった佐藤三郎。出演は加藤和彦とサディスティック・ミカ・バンド、キャロルやシュガー・ベイブ、沢田研二や四人囃子らそうそうたる顔ぶれの約40組。全員ノーギャラというその中には、20歳になった高橋まことのバンドも含まれていた。

みんなで見る夢は、現実

福島県郡山市の開成山陸上競技場でワン・ステップ・フェスティバルが行われたのは1974年7月31日から11日間にわたってだった。

ニューヨークから参加したオノ・ヨーコが、ジョン・レノンのバックメンバーを交えたバンド、プラスティック・オノ・スーパー・バンドを従えて登場したのは最終日、8月10日のことだ。

69年8月にアメリカ、ニューヨーク郊外のウッドストックに約60万人を集めた〝ウッドストック・フェスティバル〟は、日本の音楽好きな若者達に〝フェス〟という新しい夢を提示した。

夕日を浴びて地平線を埋め尽くした若者達が音楽に身を委ねている。大音量に増幅されたエレキサウンドが一帯を包み込んでいる。長髪にジーンズ。髪に花を挿した女性もいる。そこには戦争も公害も差別もない。音楽でこれだけのことが出来る。愛と平和、そして自由。ラブ&ピースは、ロックを愛する世界の若者達共通のスローガンになった。

郡山ワン・ステップ・フェスティバルは、地元のブティックのオーナー、佐藤三郎が、アメリカへの研修旅行の帰りに寄ったハワイの映画館で見た『ウッドストック』の記録映画に感動したことから始まった。オノ・ヨーコに話を通したのは東芝EMIの石坂敬一とプロデューサー、内田裕也だった。

高橋まことのバンド、グレープジャムは、8月9日に出ている。プロの出演者の中で地元アマチュア代表、というところだろうか。

「一応、マネージャーと称する奴《やつ》がいて、彼の知り合いだった佐藤さんから福島からも出せよ、ということで出たんですよ。俺たちの時は、客席が引いてましたけど（笑）」

当初、7日間の予定だったコンサートは雨のため2日間が中止になった。グレープジャムは、急遽振り替えでその日になった。翌日がオノ・ヨーコが出た日である。

「俺は内装の会社で仕事してたんですよ。雨でスケジュールがぐちゃぐちゃになってしまって。当初のライブの日だけじゃなくて、もう一日休まなくちゃいけなくなったんだけど、それ以上は無理だった。だからヨーコさんのステージは見てない。仲間の話を聞いていただけですね」

筆者は、9〜10日と客席にいた。彼らの前に出た京都のブルースバンドの印象が強く、グレープジャムはかろうじて名前を記憶していた。

69年、ビートルズの『アビイ・ロード』に代わって1位になったのがレッド・ツェッペリンの2枚目のアルバム『レッド・ツェッペリンII』だ。高橋まことのバンドは、それ以降のブリティッシュ・ロックの影響を感じさせた。

オノ・ヨーコのステージはスタンドの最上部で見ていた。日本のバンドとは明らかに違う力強いバックの演奏と彼女の悲鳴のようなエキセントリックなシャウトが

レッド・ツェッペリン『レッド・ツェッペリンII』（ワーナーブラザーズパイオニア）

夜空に吸い込まれるようだった。

その時、彼女が口にしていたメッセージは〝ひとりで見る夢はただの夢、みんなで見る夢は夢じゃない、現実なの〟――それは、「ジョン・レノン スーパー・ライヴ」で彼女が今も言い続けていることでもある。

高橋まことが、氷室京介（VO）、布袋寅泰（G）、松井常松（B）ら群馬出身のバンドの一員で『DREAMIN'』を演奏するようになるのはもう少し先だ。

めんたいロックに続け！

「バンドの中でビートルズが話題になった、という記憶はないですね。もちろんヒムロック（氷室京介）も布袋さんも音楽の一環として聴いてるだろうし、好きだろうけど、当時は、アルバムを買い集めてという感じじゃなかったかな。世代も違うしね」

元BOØWYのドラマー、高橋まことは、他のメンバーとビートルズという話の中でそう言った。

福島から上京、いくつかのバンドを渡り歩いていた高橋まことが友人に誘われて東京・新宿のライブハウス、ロフトにBOØWYを見に行ったのは1981年5月

11日だった。彼の最初の印象は「おっかなそうな連中」である。氷室京介からオーディションに誘われるのはその後だ。

「みんな少し世代が下ですからね。なめられちゃいけないと思って、思い切りでかい声でカウントしたら、松井のツボにはまったらしくて笑いをこらえてる。こら、笑うな松井という感じでした(笑)」

そのオーディションの1曲目が、82年3月21日に発売になったファーストアルバム『MORAL』の1曲目『IMAGE DOWN』だった。

つまり、去年(2012年)はデビュー30周年だった。

ロックの歴史は、時代によってリズムのテンポやスピードが変わる。その象徴的な呼び方が〝縦乗り〟と〝横乗り〟だろう。70年代半ばにイギリスで登場したパンクロックは、息もつかせぬ攻撃的な早いテンポでたたみかけてゆくリズム重視だった。同じロックンロールでも反応が違う。50年代のジルバや60年代のツイストのような〝横〟の動きではない。その場で身体が上下に跳ねるように〝縦〟に踊りたくなる。

BOØWYはパンク以降の〝縦乗り〟で世に出ようとしていたバンドだった。

「俺の世代はパンクじゃなかったからね。そういう連中をへたくそ、みたいに思ってたから(笑)。BOØWYも最初は下手っぴでしたよ。でも、やったことないから

BOØWY
『MORAL』(ビクター音楽産業)

面白そうだったんだね。直感があったんだと思う」

パンク世代の新しいバンドの発信地は福岡だった。

78年、ライブハウス照和以降の福岡のロックシーンの中心人物だった鮎川誠のシーナ&ザ・ロケッツを皮切りにARB、北九州のルースターズ、福岡のロッカーズ、ザ・モッズと立て続けにデビュー。〝メディアによって〝めんたいロック〟というネーミングがつけられた。

BOØWYは、そうした流れの中で登場した。レコード会社が1作目のアルバムにつけたキャッチコピーは〝ラスト・パンクヒーロー〟である。

「東京にはアナーキーとかいたからね。それと一緒じゃドングリの背比べだから、どうすればそこを抜け出すか。誰もやってないことで勝負しようとなっていったんだね」

BOØWYがデビューした時のメンバーは6人。高橋まことが加わったのは、アルバム『MORAL』のレコーディングの途中だ。すでに活動しているバンドに前任者に代わって参加する。

ビートルズのリンゴ・スターがそうだった。

「やってる時は目の前のことに必死だからこれっぽっちも思わなかったけど、解散して自分たちのことを見直してみた時に、そう言えば似てるかもなってていうのはちょっぴりあったかな」

マジでバンドやろうぜ！

3月最終週のオリコン・アルバムチャートで興味深いランキングがあった。

1位になったのが3月21日に発売になったＢＯØＷＹのベストアルバム『BOØWY THE BEST “STORY”』だったのだ。

その日は彼らが31年前にデビューした日だ。そして、今年（２０１３年）は１９８年４月４～５日の東京ドームでの解散コンサート「LAST GIGS」から25周年にあたる。

25年も前に解散したバンドのベストアルバムが1位になる。それは、ビートルズ以来の出来事だった。

「こんなに時間が経っているのに、まだこうして聴いてくれる人がいる。ありがたいことだと思いますよ」

元ＢＯØＷＹのドラマー、高橋まことは衰えることのない人気についてそう言った。

新たに音の調整をしなおした今回のベストアルバムを聴いていて改めて思ったの

BOØWY
『BOØWY THE BEST “STORY”』（EMIミュージック・ジャパン）

は、BOØWYが〝縦乗りビートバンド〟というパブリックイメージとは違う実験性に富んだバンドだったことだ。

80年代はデジタルの進歩もあってレコーディングなどの環境が激変した時代でもある。更《さら》にレゲエやスカなど、それまでの日本のロックでは珍しかったリズムが入ってきた時でもある。彼らは、そんな時代の変化を取り入れようとしていたバンドだった。

「ドラムの音をパーツごとに別々に録《と》ろうとしたこともありましたからね。最初はパンクなのにいきなりニューロマンティックやテクノになってみたり。アルバムごとに違うアプローチでやってる。守備範囲は広いバンドだったんですよ。この音楽しか知らないというドラマーだったら大変だったかもしれない」

彼はそんな話をしつつ「ビートルズを聴いてたから良かったというのはありますよ」と言った。

「ビートルズの中にはいろんな音楽のパターンが無限にあるんですよ。ここまでやっちゃうかというのが全部ある。それもお仕着せの単純なものじゃない。俺も不得手なものがないとは言わないけど、やればやれますからね」

BOØWYの活動は丸6年。残されたオリジナルアルバムは6枚。ドラマーは、オリジナルメンバーと交代して参加、4人がそれぞれの個性を持ち、メインの2人が人気を二分する才能の持ち主だった。更に解散後25年経っても人気が衰えず、新しいファンが増え続けている――。

関係者がそこにビートルズを重ね合わせようとするのもあながちこじつけとは言えないだろう。

80年代の終わりに空前のバンドブームが到来した。アマチュアコンテストの出場バンドの大半がBOØWYのコピーだったことがある。

男の子がバンドを組みたいと思うきっかけになったという意味で、ビートルズ以降、日本で最も影響力のあったバンドがBOØWYだった。

「俺もそういう審査員やってたからね。おう、また出てきたか(笑)。でも、格好いいから真似《まね》したいと思うわけで、何だこれ、と思ったらやんないじゃない。そうやって考えるとビートルズと似てるっちゃ似てるよね」

ただ、どうひいき目に見ても似てないことがある。

それは解散をめぐるありようだった。

「プロもアマもないよ」

「バンドの活動っていうのは、ライブとレコーディングが表裏一体なんだよね。レコーディングだけしてる方が楽しい、という奴《やつ》もいるかもしれないけど、そうじゃないミュージシャンの方が多いんじゃないかな」

元BOØWYのドラマー、高橋まことは、後期のビートルズについてそう言った。

彼は、今もビートルズのアウトテイクなどを収集している。最近のお気に入りが、『ザ・ビートルズ レコーディング・セッションズ完全版』（シンコーミュージック）という本だ。全てのレコーディングデータを網羅、その時のやりとりまでも記録している。

「読みながら、おう、テイク1はこれか、確かに、ここの音が違うとか聴き直すんですよ。昔は再生装置もしょぼいから聴こえなかった音もわかる。4チャンネルの時代にこんなことまでやってる。よくぞここまでというのが一杯ありますよ」

ただ、そんな風にレコーディングに浸る日々が、平穏だったかというとそうでもない。2枚組アルバム『ザ・ビートルズ』（ホワイト・アルバム）のレコーディング中にリンゴ・スターは〝バンド脱退〟を宣言したこともある。ジョージ・ハリスンがギターの弾き方を巡ってポールと口論するシーンは映画『レット・イット・ビー』でも見ることが出来た。

もし、ライブという場所があったらビートルズは解散しなかったのではないか、という仮説を立てる人は多い。

『ザ・ビートルズ レコーディング・セッションズ完全版』（シンコーミュージック）

「俺たちは、売れたら解散しようという話にはなってたけど、ライブは止《や》めずにちゃんとやってたから、そこのストーリーは違うよね」

ＢＯØＷＹの解散は、１９８７年12月24日、ツアーの最終日の渋谷公会堂で発表された。氷室京介が〝解散〟という言葉を使わず涙ながらにそのことを告げる瞬間はライブドキュメンタリー『１２２４』（東芝ＥＭＩ）に克明に記録されている。それは『レット・イット・ビー』とは違う意味で貴重な映像作品だろう。

高橋まことは、今、「頑張っぺ・福島」というタイトルで全国のＢＯØＷＹフォロワーのアマチュアミュージシャンと一緒に演奏するチャリティ・プロジェクトを主催している。同時に福島のかつてのバンド仲間のビートルズコピーバンドに参加したりもする。

「いい年したおっさんがマッシュルームのカツラかぶってやってますよ（笑）。みんな一生懸命練習してるし、うまいよ。俺はドラムよりも歌がメインだけど（笑）。」

彼はドラムよりも歌うのが楽しみなのだそうだ。今年（２０１３年）2月に来日したリンゴ・スターがやっていたようにだ。

「ビートルズが教えてくれたことはやっぱり音楽の楽しさでしょう。そこにはプロもアマもないよ」

彼が、目を細めて話をするもう一つのこと。ポール・マッカートニーのツアーを

BOØWY
『1224』（東芝EMI）

収めたライブ映画『ゲット・バック』の中の『カミン・アップ』に自分が映っている、という。

「東京ドームの前から2列目で子供を抱え上げてたら映ってしまって。俺もちょっとね。嬉《うれ》しいですよ(笑)」

彼はリバプールに行ったことがない。ロンドン在住の布袋寅泰が、今、日本で行っているツアーを終えたら、彼と一緒にリバプールを訪れるつもりだ。

XIII 斉藤和義 Kazuyoshi Saito

いつ生まれるかは誰にも選べない。でも、生まれた日についての意味を感じるかどうかは本人次第。1966年6月22日生まれ。ビートルズ初来日の1週間前の生まれということもビートルズに関心のない人には何の意味もないだろう。60年代生まれの代表が彼ということになる。93年発売のデビュー曲のタイトルは『僕の見たビートルズはTVの中』だ。世代も時代もビートルズが基準になっており、音楽的にも生き方的にも「一生離れることがない」と言うビートルマニアは、何を教わったのだろうか。

66年6月22日生まれ

ビートルズはどうやって世代を超えて聴かれるようになっていったのか。次の世代の人たちは、どんな形で知るようになったのか。

そんないくつかのパターンの中で最も素朴な伝達経路と言えるのが〝クチコミ〟ではないだろうか。身の回りの人間。〝おじさん〟あるいは〝肉親〟である。50年代生まれのCHAGEがそうだったようにだ。

「家におじさんがいたんですよ。おふくろの弟なんですけど、俺が小学校の1年から2〜3年居候していた時期があって、彼がビートルズマニアのおじさんだったんです」

というのは斉藤和義である。彼の出身は高橋まことが生まれた福島の隣県、栃木県壬生町だった。

「そのおじさんは髪も肩まであって、ちょっと茶色い度付きのサングラスをかけて、風貌もジョン・レノンみたいにしてた人だったんですね。ちょうどカセットテープが出たしの頃で、『将来、和も好きになるぞ』ってベスト盤みたいなものを作ってくれたんです」

斉藤和義は1966年6月22日生まれ。ビートルズの初来日の1週間前に生まれた。小学校入学は、73年。すでにバンドは解散していた。〝おじさん〟は、その頃に「20歳くらい」。今は70歳前後だろうか。

まさにリアルタイムの世代だった。

「カセットはいくつかありましたね。アメリカン・ポップス・ベストという中にビートルズが入っていたり、ビートルズだけのものもあったり。俺は歌謡曲も好きで、そういうテープもあったかな。でも、ビートルズってバンドなんだ、って言われてもバンドが何か、外国人なのかも分からない(笑)。ただ、『ミッシェル』とか

『イエスタデイ』とか、普通に良い曲だなっていう感覚はあって。小学校の時ブラスバンド、吹奏楽部にいたんで何かの曲はやったと思うんですけど、その時はその程度ですね」

〝おじさん〟にとっては甥《おい》っ子ということになる。まだ年端もいかない男の子にビートルズを薦め、自分でベストアルバムのカセットを作ってあげる——。

それは〝ビートルズ世代〟の父親も同じ感覚だったのではないだろうか。筆者も子供の子守歌に流すのはビートルズとボブ・ディランと決めていた時期があった。折を見てこの連載の中で、そんな自分のことも書けたらと思う。

斉藤和義が、学校という社会の中でビートルズを意識するようになるのは中学生の時だ。81年、角川映画『悪霊島』の主題歌に『レット・イット・ビー』が使われた。

「テレビでバンバン流れたんですよ。クラスの連中が『あの良い曲、なんだろう』みたいな話をしていて。『ビートルズのレット・イット・ビーに決まってんじゃん』、みたいな優越感も俺の中にはあって。あ、みんなは知らないのか、と思ってちゃんと聴こうかと思ったんですね」

彼が生まれる1週間後の武道館公演は、7月1日の昼の部を日本テレビが録画して放映、56・5%という記録的な視聴率を記録。78年にはテレビ朝日が6月30日の公演を放送している。

斉藤和義が『僕の見たビートルズはTVの中』でデビューするのは、テレ朝の放送から15年後のことだった。

世の中の音楽の7割を

ビートルズをどういう経緯で聴くようになったのか。そのきっかけを作ったのはどんな人だったのか。

忘れてならないのが〝友達〟である。

「高校の時にビートルズマニアの友達がいて聴いてはいたんですけど、じっくり聴くようになったのは、大学に入ってからですね。ものすごいビートルズマニアがいた。そいつはちょっと変わったヤツで、今日からストーンズファンになるからビートルズのレコードお前に全部あげる、って宣言してアルバムも全部くれたんですよ。うわ、と思って(笑)。そこからですね。どっぷりはまっていったのは」

中学高校の時に斉藤和義が好きだったのはハード・ロックだった。1980年代前半である。パンク・ロックに押されて下火になっていたハード・ロックに70年代からのキッスやエアロスミスにヴァン・ヘイレンやメタリカからアメリカ勢が加わ

斉藤和義
『僕の見たビートルズはTVの中』(ファンハウス)

り、新しいシーンを作っていた。彼も「ギタリストが早弾きをしないビートルズやストーンズ」には、さほど刺激を受けなかった。

「それまではギター一辺倒でしたからね。それが何となく歌も歌い出してオリジナルも作るようになっていた。もちろん好きで聴いていたというのはあるし、質感が格好いいなあと思って聴いてた部分もでかいですけど、半分は曲作りの勉強で聴くって言うイメージもありましたね」

曲の構成や展開、コード進行の組み合わせ。ギターさえあれば誰もが簡単に弾けるフォークソングのような単純なコードでも、Aメロ、Bメロ、サビというパターンが決まっている歌謡曲のような形でもない。同じメロディでも語尾だけに少し手が加えられてたりすることで限りない気持ちよさを生んで行く。わずか3分という時間の中にそれまでのロックやポップスにはなかったアイデアや発想が詰め込まれている。

「曲の作り方が分からなくて、適当にでたらめにやってた時期だったんですよ。曲の仕組み、みたいなものには特に影響を受けた感じがありますね。後追いですし、情報はたくさんあって。そういう中に、『ビートルズを聴いたらロックもポップスもジャズも、世の中の音楽の7割聴いたと一緒』みたいな説もあったりして。実際、そうなんですけど。ビートルズを全部聴けば全部のジャンルを網羅するようなものだ、みたいな意識もどっかにあった気がしますね」

そんな話をしながら「好きだけどそんなに研究しているわけでもないですからね。タイトルと曲が一致してないものもあるし、どの曲がどのアルバムなのか思い出せないとか。そんなに詳しくないんですよ」と言った。「全213曲、歌えるとか」という質問には、「全く、全然」と滅相《めっそう》もない、という表情をした。

もはやビートルズは、そこまで知らないと簡単に「好き」とは言えない存在でもあるということだろうか。

彼は、2001年から行われている「ジョン・レノン スーパー・ライヴ」に欠かせない出演者の一人だ。去年（2012年）歌った『アイル・ビー・バック』は、曲の作り方もわからず書いていた時期に最も記憶に残っている曲だった。

その頃は、デビューする時の事務所がシンコーミュージックに決まるなどとは夢にも思わなかったはずだ。

傘がないわけじゃない

「たまたま草野さんがライブを見に来て、ウチに来ないかって誘われたんですよよ。シンコーミュージックと言われてもピンと来なくて、『ヤング・ギター』のシンコーかという程度でしたよ」

斉藤和義のデビューは１９９３年８月25日、曲は彼のオリジナルの『僕の見たビートルズはＴＶの中』だった。

所属事務所はシンコーミュージックである。ビートルズの情報をどこよりも多く掲載していた雑誌『ミュージック・ライフ』の発行元であり、ビートルズの曲の版権を持つことでも知られていた。『ヤング・ギター』はシンコーが発売する日本のフォークやロックを扱う雑誌だった。マネージメントでは、チューリップや甲斐バンド、レベッカやプリンセス・プリンセスなども手がけていた。

彼を誘ったシンコーミュージックの専務、草野昌一は、60年代に漣健児《さざなみけんじ》のペンネームで一時代を築いた訳詞家であることはすでに触れた。

「ビートルズというよりレベッカとかプリンセスとか若いバンドだけじゃなく、チューリップもそうなのか、という感じで。初めて事務所に行ったら入り口にビートルズの胸像とかブロンズ像とかが置かれていて。あ、そうか、ってそこで初めて繋《つな》がった感じでしたけど」

『僕の見たビートルズはＴＶの中』は、その歌が世代を象徴する典型的な例だ。

〝欲しいものなら何でもそろっている時代〟に〝食うことに困ったことのない若者〟の歌。〝緊張感のない時代〟に〝ぬるま湯につかっている〟という自覚もある。

井上陽水の『傘がない』も70年代初めの世相や世代観を反映している歌だろう。テレビのニュースキャスターの言葉よりもデートに行くのに傘がない、という身の回りの現実の方が重要だという感覚。斉藤和義は〝傘がないわけじゃない〟とも歌っている。

歌詞の中に〝ブラウン管には今日も戦車が横切る〟という一節がある。中国の北京の天安門広場で学生が戦車に立ち向かう映像が茶の間に衝撃を与えた時だった。

「22〜23歳のアマチュアの時に書いた曲ですから、デビュー曲にしようとか考えてもいませんし、タイトルが浮かんでそのまま詞曲が同時に出来たんですね。特にメッセージソングというつもりもなく、あの頃の空気感でそうなったんだなと思いますね」

ビートルズをリアルタイムで見た世代とテレビの中でしか知らない世代。歌の中には〝あのころはよかった〟と言うおじさんも出てくる。

「おじさんというのは、それこそ昔は学生運動をしていたであろう、ビートルズが好きでコンサートにも行ったであろう、今は疲れたサラリーマンというイメージですか。あの時代がうらやましかった俺からすると、何なんだっていうモヤモヤしたものがあったんでしょうね」

草野昌一はすでに他界してしまった。彼にとって決定打があの曲だったことは間

井上陽水
『傘がない』（ポリドール）

違いないだろう。斉藤和義は今年（2013年）がデビュー20周年。〃おじさん〃と呼べる年になった。

「若い時ほど体力ないし、疲れるし、そっちの気持ちも分かるよって（笑）」

でも、あの歌の中の〃おじさん〃とは明らかに違う。

それを証明したのが東日本大震災後の活動でもあった。

思ったことを形にして

「ロックバンドというのは…。何だろうなあ…。何ですかねえ…。色々あり過ぎて…」

斉藤和義は、ビートルズが教えてくれたことって何でしょうね、という質問に、一人ごとのようにそうつぶやいてから、こう言った。

「歌詞とかを見ても、なんてことのないことを歌ったりしてるじゃないですか。最初のうちは惚《ほ》れた腫れた、みたいな歌が多かったけど、『タックスマン』のように税金取られてやだ、みたいな歌もあるし。解散してからも他のメンバーの悪口を歌にしちゃったり、何でも歌にしちゃうすごさというのかなあ」

ビートルズが、他のロックバンドと決定的に違っていたのは、残された作品の中に、彼ら自身の成長が刻み込まれていることだろう。

音楽的な成長だけではない。少年が大人になり人生や社会に目覚めてゆく過程、そこで感じた矛盾や疑問もそのまま歌にしている。

「それでいてやりたい放題に好きなことしかやってなさそうだし。そういうカッコよさでしょうね。前に見たインタビューで、ジョンとポールがそろそろ締め切りだからプール一個分くらいの曲を書こうぜって会話をしてたんですよ。それで実際、プールどころか何百軒の豪邸が建つんだ、っていうくらいの曲を作ってしまう。そういう遊び心というか。面白がってやってるように見える。眉間に皺《しわ》を寄せて思い悩んで作ってる感じがしない。好きなことに迷いはない、そういうことかもしれませんね」

思ったことは何でも歌にしてしまう――。

２０１１年の斉藤和義がそうだったのではないだろうか。３月11日の後に、自身のヒット曲『ずっと好きだった』を『ずっとウソだった』という替え歌にしてインターネットに発信した。

政府も電力会社も原子力業界も国民に対してずっと嘘《うそ》をついてきたのではないか。それは彼だけではなく、原発の事故後、日本中が思っていたことだろう。でも、メジャーな土俵にいながらそんな風にはっきりと歌ったアーティストは多くない。

11年10月に発売された彼のアルバム『45 STONES』は、そんな日々に感じてい

斉藤和義
『45 STONES』（ビクターエンタテインメント）

たことを素直に歌ったアルバムだった。その時のインタビューで彼はこう話していた。

「何も言わずに過ごしてしまって、後になって何も言わなかったことに自分がへこむのが嫌だっただけなんです」

夏フェスのステージなどでロックファンの喝采を浴びつつ、記録的高視聴率テレビドラマ『家政婦のミタ』の主題歌『やさしくなりたい』を大ヒットさせる。プロモーションビデオはビートルズの武道館公演のパロデイだった。紅白歌合戦に登場した時のギターのストラップには〝NUKE IS OVER（原子力は終わった）〟という文字がプリントされていた。

思ったことは形にする。自分たちもその状況を飄々《ひょうひょう》と楽しんでいるように見える。そこに〝嘘〟がない。

2012年の「ジョン・レノン スーパー・ライヴ」で彼が歌ったもう一曲がジョン・レノンの『イマジン』である。

それも生前にスーパー・ライヴのステージで「ビートルズとジョン・レノンに影響を受けました」と話していた忌野清志郎の訳詞でだった。

斉藤和義
『やさしくなりたい』
（ビクターエンタテインメント）

薄着では笑えない現実

——ジョン・レノンが生きていたら今の状況をどう思うんだろう。

忌野清志郎は、自分のステージでジョン・レノンの『イマジン』を歌う前にそんな話をしていた。

彼が、自分の訳詞で『イマジン』を歌ったのは、RCサクセションの1988年のアルバム『カバーズ』でだった。

エルビス・プレスリーの『ラブ・ミー・テンダー』やザ・フーのヒットで知られるエデイ・コクランの『サマー・タイム・ブルース』など洋楽11曲に彼が日本語をつけたカバーアルバム。その中の曲に反核や反原発が歌われていたことで大手メーカーの東芝EMIから出せずキティレコードから発売され、1位を記録した。

『イマジン』は、その最後に収められている。

いきなり〝天国はない　空があるだけ　国境もない　ただ地球があるだけ〟と歌われる歌詞は、訳詞にありがちな不自然さが全くないシンプルなものだった。

英語を日本語に置き換えただけではない。原詞1番の〝地獄〟や〝殺す〟は使われず2番の〝宗教〟という言葉は〝社会主義も資本主義も　偉い人も貧しい人も〟

ＲＣサクセション『カバーズ』（キティレコード）

と変えられている。原詞にはない〝僕らは薄着で笑っちゃう〟という表現も含め、訳詞というより、歌の中にある考え方や精神に共感して自分の言葉で歌ったという印象だろう。

斉藤和義は、2012年の「ジョン・レノンスーパー・ライヴ」で清志郎のステージのMCの一部も交えながら『イマジン』を歌った。

彼の95年のアルバム『WONDERFUL FISH』の中には『レノンの夢も』という曲がある。街の人混みの中で雨に打たれながら〝レノンの夢よ 僕にも宿って〟と歌っている。

「ジョンの平和活動的なものにはそんなに興味はないんですけど、前に、インタビュー見てたら『イマジン』について聞かれた時に『世の中、こういう砂糖まぶしたような曲、好きだからな』とか冗談みたいに言ってたり。もちろん本気でやってるんだろうけど、そういうはぐらかすようなユーモアもあって、そういうところも好きだったりして。『レノンの夢も』は、ラブ&ピースとほぼ同義語みたいなイメージだった気がしますね」

2011年、もしジョン・レノンと清志郎が生きていたらどんな歌を歌っただろうと思った。少なくとも現実は〝薄着では笑えない〟寒々しい出来事の連続だった。

斉藤和義はアルバム『45 STONES』の『雨宿り』で〝あなたに逢いたい〟と亡

斉藤和義
『WONDERFUL FISH』
(ファンハウス)

くなった人に向けた思いを綴《つづ》っている。震災後の状況に対しての怒りや嘆きをさらけ出したようなアルバムの流れの中で聴くと、彼が清志郎やジョンに対して心中を語っているようにも聴こえた。

「でも、ジョンって平和の求道者とか、そういうイメージの方が強くなっちゃってる気がして、違うのになあ、ともずっと思ってるんですよ。これから時代が進むともっと愛と平和の人にされちゃうのかなと思うと、それはどうなんだろうかって思いますよね」

そんな話をしながら、「それぞれのソロも好きですけど、やっぱりバンドとしてですね。あの4人がやってるビートルズが格好いいなあという感じなんですよ」と言った。

これからもヨロチクビー

「聴きたての頃は中期が好きで、デビューしてからもそういう傾向だったんですけど、最近は初期のシンプルなロックンロールの方が好きだし。順番としては中期、後期、初期になった感じですね」

斉藤和義は「ビートルズ離れする時はありましたか」という質問に「それはない

ですね」と言った。

ビートルズファンのかなりの割合がそうだろう。いつかは初期の外連味《けれんみ》のないロックに戻ってゆく。

「単純にリンゴ・スターのドラムのパターンとか変わってるし、ジョンのサイドギターもポールのベースもジョージのフレーズも、ここ格好いいなあとか。音源がちょこっと残ってるけど、デビュー前にハンブルグとかでやってた頃は相当パンクなバンドだったんだろうと思うんですよ」

解散後のビートルズの歴史の中で決定的な意味を持っていたのが1995年から始まった『ザ・ビートルズ・アンソロジー』シリーズだろう。これまでに発売された曲の別テイクやデモテープなどの未発表音源曲。『1』から『3』までCD2枚組3部作。『1』にはジョン・レノンの未発表曲を残り3人のメンバーがバンドとして完成させた〝新曲〟『フリー・アズ・ア・バード』のデビュー前の音源も収められていた。

「ハリウッド・ボウルかどこかでステージの上のリンゴの横から録ったブートレッグ(海賊盤)の映像を見ると、ドラムがメチャメチャパワフルで音もボンゾ並にデカイ。騒がれる前のキャバーン・クラブの頃とかも、ものすごいロックバンドだったんだろうなって」

ザ・ビートルズ
『ザ・ビートルズ・アンソロジー1』(EMIミュージック・ジャパン)

ボンゾというのはレッド・ツェッペリンのドラマー、ジョン・ボーナムのニックネームである。粗末な機材で録音されたものしかない初期のビートルズの演奏は、そんな風には受け止められていないかもしれない。

斉藤和義は、いくつものスタイルを使い分けている希有《けう》なアーティストでもある。97年のアルバム『ジレンマ』以降は、レコーディングでは全ての楽器を一人でやる多重録音も多い。それも「ビートルズみたいな音を出してみたい」という動機があった。

「エンジニアの蜂屋量夫さん、ビートルズが『ドライブ・マイ・カー』を録った時のマイクとかを持ってるんですよ。エンジニアのジェフ・エメリックから送ってもらった機材もある。CDをかけながらそういうのを使ってドラムの音を録り直したり延々やってました。ジョンやジョージが使ってるギターを同じアンプで出して、おお、同じ音がする(笑)。じゃ、これを使って一曲とか。何が言いたいとか、このメロディーが出来たからというより、音に呼ばれて詞が書ける、この音を使いたいから曲を書こうとか未だにありますよ。本末転倒かもしれないけど(笑)。何度聴いても新しい発見がある。宝庫ですからビートルズは」

斉藤和義は今年(2013年)がデビュー20周年。17日にシングル『ワンモアタイム』を発売、5月にはバンドの初期衝動を発散させたような元ブランキー・ジェッ

斉藤和義
『ジレンマ』(ファンハウス)

斉藤和義
『ワンモアタイム』(ビクターエンタテインメント)

ト・シティのドラマー、中村達也とのユニット、マニッシュボーイズのツアー。5月9日がZepp Fukuoka(福岡市)だ。

8月に行われるソロのアリーナライブのタイトルは〝これからもヨロチクビー〟だ。

仰々しくせずに茶化してしまう。それもビートルズが教えてくれたことかもしれない。

XIV

ラブ・サイケデリコ LOVE PSYCHEDELICO

音楽の聴き方はCDが普及してから劇的に変わった。過去の音源が簡単に手に入る。リアルタイムという概念がなくなった。2000年にデビューしたラブ・サイケデリコは、そんな世代を象徴しているように思えた。豊富な情報と知識があってこそ理解できる過去の作品の良さ。NAOKIは1973年、KUMIは1976年生まれ。ビートルズを教科書で知る世代。ロック史の中のビートルズをどう継承するか。2001年から始まった「ジョン・レノン スーパー・ライヴ」の常連出演者が彼らだった。

教科書デビューしても

ビートルズをどうやって知ったのか。こんな答えが返ってくるのは、1970年代生まれ以降だろう。

教科書である——。

「音楽とか文化として知る前に教科書に載ってるという世代なんですよ。その頃はロックなんて知らないし、ふーんというくらいで。ちゃんと聴き始めたのは大学に入ってからでしょうね」

そういうのはラブ・サイケデリコのNAOKIである。

彼は73年生まれ。もう一人のメンバー、76年生まれのKUMIもこう言った。

「教科書には載ってたけど、取り上げもしなかったんじゃないかな。1回くらいレコードで聴いたかもしれないけど説明もないし歌いもしなかったと思う。だから印象も特になかったですね」

ビートルズが初めて教科書に載ったのは、NAOKIが生まれた73年。音楽之友社発行の音楽教科書の『イエスタデイ』と言われている。

2013年はビートルズ教科書デビュー40周年ということになりそうだ。曲や歌詞、人物紹介、音楽だけでなく英語などの他教科も含めるとポップミュージックのアーティストに関する記述としては最多だろう。

NAOKIはこう言う。

「でも、『イエスタデイ』と『ヘイ・ジュード』だけ取り上げてビートルズを取り上げました、若者たちの文化を分け隔てなく扱ってますというふりをしてるみたいでちょっと気持ち悪い感じ。それで開かれた教科書だって鼻を高くしている大人たちがカッコ悪く見えた。むしろ、取り上げてほしくなかったかな」

彼は自分たちを〝ビートルズとうまく出会えなかった世代〟だと言った。

「80年代のティーンズなんですよね。ブルース・スプリングスティーンやヴァン・ヘイレン、マイケル・ジャクソンが『スリラー』を出してシンセサイザーが大流行した頃に知るわけです。僕はそうじゃなかったですけど、ハードロックではガンズ・アンド・ローゼズやボン・ジョヴィとか全盛期だったし。おまけに教科書ですよ(笑)。お父さんたちの音楽というか、古めかしい感じがした時期でしたよね」

いつの時代でも、ロックの好きな若者たちの中にある価値観の対極にあるのが教科書だろう。ロックは時代を反映している生きた音楽でなければいけない。教科書に載るということは、その曲が過去のものになることではないか。

ましてやドラムも入っていない曲でビートルズを語って欲しくない——。

教科書に載ったことへの違和感を要約するとそんなところだろうか。

世界で最も歌われているビートルズナンバー『イエスタデイ』は、65年発売のアルバム『ヘルプ!』の中の曲だ。弦楽四重奏を配したバラードは、それまでの騒がしいバンドというイメージを変えた。

とは言え、ジョン・レノンは解散後のソロアルバム『イマジン』の中の『ハウ・ドゥ・ユー・スリープ?』で、ポールへの非難のあてつけに曲名(『イエスタデイ』)を出したりもしている。

つまり、『イエスタデイ』は代表曲ではあるものの、バンドそのものを体現しているわけでもない。ファンにとっては多少の複雑さを伴う曲でもあった。

NAOKIは大学1年生の時の忘れられないエピソードをあげてくれた。

ドンと入って来ちゃう

「プログレばっかり聴いていた友達が自分の部屋に、『NAOKI、大変なCDを見つけた、ビートルズもプログレだった』って入ってきたんですよ。彼が持ってきたのが『サージェント・ペパーズ・ロンリー・ハーツ・クラブ・バンド』だったんです」

ラブ・サイケデリコのNAOKIは、ビートルズにまつわる大学1年生の時の「忘れもしない」そんなエピソードを挙げてくれた。

若いバンドやアーティストと音楽体験について話していて〝大学のクラブ〟が頻繁に登場するようになるのは1990年代になってからだ。

日本のバンドで言えば、はっぴいえんどやシュガー・ベイブら、リアルタイムでは商業的な成功を得ないまま解散してしまったバンドが再評価の対象になった。

その道筋をつけていたのが大学の音楽サークルだった。旧譜がCDとして再発され、手に入りやすくなったという背景もあった。

ラブ・サイケデリコは青山学院大学の音楽サークルの先輩後輩にあたるNAOKIとKUMIが結成した男女ユニットである。

デビューは2000年。60年代70年代のロックの要素を取り入れ、それでいてデジタル時代の音、帰国子女のKUMIの流ちょうな英語交じりの歌詞は洋楽ファンも含めて鮮烈な印象を与え、デビューアルバム『THE GREATEST HITS』は、いきなり200万枚を超える大ヒット。その後のJ－POPの中に見られる〝ロック温故知新〟の先鞭《せんべん》となった。

「CD世代なんで、60年代70年代の音楽が何かのきっかけで理解できる瞬間があるんですよ。僕らの世代は、ヘビメタみたいな派手な振り幅のある音楽がロックだって勘違いしてたんですね。でも、その後にスピリッツでロックを表現するという流れが来て、そこでもう一度ビートルズと出合えたのが僕らでしょう」

プログレというのは、シンセサイザーなどのテクノロジーを駆使し、ジャズやクラシックも包括した実験的要素の強い音楽のことだ。プログレッシブ・ロックの略称。先進的という意味がある。

そうした音楽ばかり聴いていた友達が、『サージェント・ペパーズ・ロンリー・ハーツ・クラブ・バンド』を〝プログレの傑作〟として絶賛した。

ラブ・サイケデリコ
『THE GREATEST HITS』
（ビクターエンタテインメント）

〝教科書に載る音楽〟として軽視していたビートルズにそんな面があったのか。

そんなやりとりは大学の音楽サークルならではと言えないだろうか。

「そうかと思って聴き直してみたら、知ってるはずの音楽で知ってるはずの存在なのに、数曲聴いただけで曲作りから歌詞からエンジニアリングとかも、何かから全部含めて懐の深さを一瞬にして見せられちゃって、ドンと入って来ちゃったんですね」

ロックの歴史は90年代に入って再び転機を迎えた。

91年に発表されたニルヴァーナの2枚目のアルバム『ネヴァーマインド』がビルボードで1位を獲得。ハード・ロックからグランジと呼ばれる時代になる。グランジというのは〝薄汚れた〟というような意味だ。ど派手に演出されたロックからの回帰。その中でビートルズにも再び光が当たってゆく。

KUMIはこう言った。

「やっぱり楽曲かな。『マジカル・ミステリー・ツアー』が好きだったたし。メロディーやハーモニー、歌詞やフレーズ。音と音楽であそこまでの世界、物語が作れるんだって。魔法みたいに感じてました」

ニルヴァーナ
『ネヴァーマインド』
(DGCレコード)

〃イエス〃というロック

「ジョンを聴いたのはKUMIの方が早かったんですよ」

ラブ・サイケデリコのNAOKIは自分たちのビートルズ体験を話す中でそう言った。

解散後にビートルズと出会った人たちには〃時系列〃という前提がない。つまり、その入り口が色々ある。デビューから初期・中期・後期という変遷を順番に見てきたわけではない。更《さら》に、CD世代の音楽体験には〃新旧〃という概念がない。どの時代の音楽でも自由に選ぶ事が出来る。

従ってビートルズよりも先にジョン・レノンを知ってもおかしくはない。KUMIは「ビートルズを全部解《わか》りきらないうちにジョンのソロを聴いて好きになった」と言った。

「曲ももちろん好きなんだけど、最初は声でしたね。何ていうか、音楽を超えてるんですね。音楽で愛っていうか、〃LOVE〃を教えてくれた人だったかな。愛のエネルギーというか。そういうことを音楽で出来たら良いなあ、ということをジョンに教えてもらった。ジョンにもネガティブなものや暗いもの、色んな曲があるけれど、何を聴いても愛が溢《あふ》れてる。愛を感じちゃうんだよね」

KUMIのそんな言葉をNAOKIがこう補足する。

「ジョンってイエスというロックを最初にやった人じゃないですか。ノーじゃなくて」

ロックミュージックの中の〝イエスとノー〟――。

ジョン・レノンがオノ・ヨーコに惹《ひ》かれるきっかけが、彼女の個展に出品されていた作品にあったことはすでに触れた。天井に開けられた穴の奥に〝YES〟という文字が書かれている。ジョンが〝イエス〟という価値観に目覚めたのがその時だった。

ロックは〝ノー〟の音楽として始まった。

ロックの最初のヒット曲、1955年のビル・ヘイリーと彼のコメッツの『ロック・アラウンド・ザ・クロック』は、反抗的な若者達を描いた映画『暴力教室』の主題歌だった。

その後もアメリカの保守層から排斥されたエルビス・プレスリーに象徴されるようにロックは〝不良の音楽〟だった。ビートルズと人気を二分していたローリング・ストーンズは若者たちの〝満足できない〟気分を代弁していた。

「私は、ノーの音楽には入れ込まなかったかな」

と言うのはKUMIだ。

NAOKIは、こう言う。

「もちろん若い頃に自分の中にもそういう心情はありましたけど、心の中の〝ノー〟をぶつけるために音楽をやるという世代じゃないんでしょうね。ロックはもっと商業的な音楽になった時代が80年代ですから。〝ノー〟と言いたければギターをかき鳴らせという感じじゃないんです」

それは決定的な違いと言ってもいいかもしれない。

エルビス・プレスリーやビートルズ、ストーンズに、自分の心の奥の何かが吹き飛んでしまうような出会い頭の衝撃を受けたわけではない。

「並んでいるCDの中でジョンのソロから聴こうか、ビートルズから聴こうか選べた。この音格好いいじゃんというところから惹かれていった。色んな思い出とかと一緒になってないんですよ。最初の思い入れがないんですよね」

NAOKIは、そう言ってから「今は、思い入れはすごいですけど」と続けた。

バッハより身近で偉大

与えられた音楽と自分で選んだ音楽――。

世代によって異なるビートルズ体験には、そんな違いもあるかもしれない。与えられたものとまでは行かなくてもリアルタイムで聴いていた人たちは〝今〟の音楽として体験した。意識的にそうしなくても入ってきた。

遅れて来た世代はそういうわけにはいかない。受け手に聴こうという意思がないと縁のない音楽でもある。

「全てとまでは言わないけど、自分の知ってきたもののほとんどがビートルズを通してかもしれない。ジョン・レノンのスピリットとか、勉強というか、刺激を受けたこともたくさんありますからね」

ビートルズが教えてくれたものってありますか。そんな質問にラブ・サイケデリコのNAOKIはそう言った。

「ビートルズっていうのは模倣することがポジティブだと思われる、称賛される唯一のロックだと思ってるんですよ。どうすればビートルズにより近いストロークが出来るんだろうってミュージシャンがみんな研究している。ちょっとでもそういう要素が入った瞬間にこの人たち、ビートルズが好きなんだって伝わる。それがより高い次元に持ってゆくために必要なものと思われている音楽でしょう」

KUMIは、そんなNAOKIの話を聞きながら「普遍性でしょうね」と言った。

NAOKIは続ける。

「時が封じ込められているというのかな。ロックの歴史の中にあったことが全部残されている。たとえば、モーツァルトとかバッハと同じように、旋律の中でこの音が出た時にベースはこの音に行くとこのスタイルになる、という形がある。モーツァルトとかバッハは楽典としては残ってるけど、彼らが直接タクトを振った曲を僕らは聴けないわけですよ。ビートルズはそれが録音されて残っているので、具体的な音色とかまで直に聴いて学べる。そういう意味では僕らの世代にとってはクラシックの作曲家よりも身近で偉大な音楽家ということなのかもしれないですね。だから、音に対しては上の世代よりも原理主義的なところがあるかもしれない」

彼らは、２００４年に出た３枚目のアルバム『LOVE PSYCHEDELICO III』発売後、自分たちのスタジオ〝ゴールデン・グレープフルーツ・レコーディング・スタジオ〟を開設した。そこで録音されたのが２００７年発売、４枚目の『GOLDEN GRAPEFRUIT』だった。その中にはビートルズの『ヘルプ！』もローリング・ストーンズのようなアレンジでカバーされている。タイトルは１９６４年に出たオノ・ヨーコの最初の著作『グレープフルーツ・ブック』がモチーフだった。

ＮＡＯＫＩはラブ・サイケデリコの音楽について「僕らの音楽にはエゴがない」と言ったことがある。ロックの歴史には素晴らしい曲や格好いい演奏が山ほどあ

ラブ・サイケデリコ『LOVE PSYCHEDELICO III』（ビクターエンタテインメント）

ラブ・サイケデリコ『GOLDEN GRAPEFRUIT（初回限定盤）』（ビクターエンタテインメント）

る。それを今の時代の音楽としてどう伝えるかを考えるだけで、自分のものにしたいという感覚は持っていないというのだ。

彼は、ビートルズのアルバム『リボルバー』から『アビイ・ロード』までを手がけたエンジニア、ジェフ・エメリックの著書『ザ・ビートルズ・サウンド 最後の真実』(白夜書房)を勧めながらこう言って笑った。

「同じギターを使ったりはしてるけど、同じ録り方をしたことはあんまりないね」

神話になりたくない！

「ビートルズだけ何で21世紀にいるんだろう、って考えてたことがあるの」

ラブ・サイケデリコのKUMIは、音楽の継承という話をしながらそう言った。

「大学の時に、ビートルズがいるんだから、もうあたし達が曲を作る必要はないのかなと本気で思うことがあった。たった7年間でそのくらい全部やってしまってるよね」

NAOKIは、こう言った。

「20世紀から21世紀に持ってきた文化って色々ありますよね。ファンの方は怒るかもしれないけど、エルビスなんかはやっぱり20世紀に置いてきた感じがするんです

オノ・ヨーコ『グレープフルーツ・ブック』(新書館)

ジェフ・エメリック&ハワード・マッセイ『ザ・ビートルズ・サウンド 最後の真実』(白夜書房)

よ。でも、ビートルズは確実に持ってきてますよね。音楽だけの手法だったりというだけでなく、もっと大きなもの。このヒントを解いたら戦争がなくなるんじゃないか、というようなことまでが詰まってるように思える。人類の財産っていうのかな」

たとえば〝伝説〟と〝神話〟の違いなのかもしれない。

エルビス・プレスリーは、週給35ドルのトラックの運転手だった青年が一夜にしてスーパースターになるというサクセスストーリーとして語られることが多い。

それまで黒人の音楽と思われていたリズム&ブルースをロックン・ロールとして昇華させ新しいジャンルを切り開いた。天性としか言いようがないリズム感とシャウトで唯一無二の歌を残してきた。それはロックの歴史を変えた個人の栄光の物語だろう。

ビートルズには、そこに〝創作〟〝創造〟という要素が加わっている。彼らはどんな風に〝作品〟を作り出したのか。決して優等生とは言えないリバプールの少年たちが、どう成長していったのか。バンド内の人間ドラマも相まった物語は個人の領域を超えている。エルビスは20世紀の伝説でビートルズは世紀を超えた神話になった——。

ラブ・サイケデリコは、2001年から始まった「ジョン・レノン スーパー・ライヴ」に05年から毎年参加、中心的存在になっている。

二人の中でビートルズとジョン・レノンは等しい存在なのだろうか。

「違いますね。ジョンは楽典ではない」

と言ったのはKUMIだ。

「ジョン・レノンという生き方、存在があっての音楽っていう感じ。ビートルズは、音楽、楽典、楽曲かな。ジョンは、ジョンという存在があって彼がメロディになったら彼の曲になったんだと思う」

NAOKIは、こう言う。

「ジョンの音楽ってコードもそんなに複雑じゃないですからね。彼は頭のいい人でもあったから自分のやったことをみんながむやみに称賛しているのに対して、アンチテーゼを見せようとしたという気もするのね。周囲が『サージェント・ペパーズ・ロンリー・ハーツ・クラブ・バンド』みたいなアルバムに熱くなってる中で、俺はコード三つか四つで最高の作品を残せるというところに還《かえ》っていったんじゃないかな」

70年に出たジョン・レノンの最初のソロアルバム『ジョンの魂』の中の『GOD』は、聖書もキリストも仏陀《ぶっだ》もエルビスもディランも、そしてビートルズも信じないと歌われる衝撃的な曲だった。

ジョン・レノンは〝神話〟になることも拒否しようとしたのかもしれない。

ジョン・レノン
『ジョンの魂』(EMIミュージック・ジャパン)

最後に愛にたどり着く

ラブ・サイケデリコのファーストアルバム『THE GREATEST HITS』の中に『ノスタルジック'69』という曲がある。

1969年というのはウッドストックやビートルズの『アビイ・ロード』が出た年で、ラブ&ピースのムーブメントが最高潮に達した年でもある。彼らは〝夢じゃ終わんない69〟と、当時への思いを歌っていた。

「たまたまあの時代の音楽を聴いて、みんなが理想に向かってるみたいなエネルギーにやられちゃって。ジョンも、そういう中で惹《ひ》かれていったんだと思う。スーパー・ライヴには、それと同じことが今のやり方で起こっていると思えるの。みんな仲間の感じがするし、ヨーコさんの言う一人で見る夢はただの夢、みんなで見る夢は現実なの、っていうことが信じられる場所。それを知ってるからやり続けられるんだと思う」

KUMIは、「ジョン・レノン スーパー・ライヴ」についてそう言った。6年連続8回参加。去年(2012年)歌ったのはオノ・ヨーコの曲『KISS KISS KISS』とジョン・レノンの『コールド・ターキー』。『平和を我らに』に次いで69年に出た彼のソロ2枚目のシングル。麻薬の禁断症状がモチーフになった曲だ。ビートルズで出そうとして他のメンバーに反対されたというエピソードもある。

「僕は、山奥なんかで行われてるフェスよりリアルな感じがして居心地がいい」

NAOKIは「ジョン・レノン スーパー・ライヴ」についてこう言う。

「80年代に入って音楽の聴き方も変わってきましたよね。音楽はコンサートホールにフェスは山奥へ行ってください。ここから出たら音は鳴らさないでください。そういうのは便利だけど、どこか嘘《うそ》っぽい。スーパー・ライヴは見た目は文化的なイメージでロックじゃないけど意味がある。音楽に携わるものとしてなくしちゃいけないと思いますよ」

ジョン・レノンの『コールド・ターキー』は、72年のアルバム『サムタイム・イン・ニューヨーク・シティ』にライブが収められている。女性差別、人種差別などをテーマにしたプロテストソングが並ぶアルバム。ベトナム戦争反対デモに加わる姿がニュースで取り上げられた頃だ。

NAOKIは続ける。

「あの時代はああいうやり方だっただけで、今は違うと思うんですよ。ツイッターとかインターネットもある。チャリティ・コンサートに多くの人が賛同してくれて学校が建ったりするわけで。どっから入っても良いと思うんです。でも、最終的に

ジョン・レノン&オノ・ヨーコ
『サムタイム・イン・ニューヨーク・シティ』(EMIミュージック・ジャパン)

ラブ、愛にたどり着く。それがビートルズだと思うんですね。ジョンから入ろうが『ラブ・ミー・ドゥ』から入ろうが『カム・トゥゲザー』から入ろうが。表現の仕方が変わっても一貫している。音楽が伝えるべきは何か。それは愛だということが解《わか》ってたんだと思う」

彼は「ビートルズは全うした感じなんですよね。先が聴きたいと思わない。ジョンは違いますね。続きが見たかった」と締めくくった。

4月17日、ラブ・サイケデリコの3年ぶりのオリジナルアルバム『IN THIS BEAUTIFUL WORLD』が出た。

今ある日常の肯定——。

彼ら流の〝イエス〟のロック。5月27日、福岡のライブハウス、ドラムロゴスにやってくる。

ラブ・サイケデリコ
『IN THIS BEAUTIFUL WORLD』（ビクターエンタテインメント）

XV 斉藤早苗 Sanae Saito

日本はビートルズ研究が世界で最も盛んなだけでなく、ファンクラブ組織の堅固さでも知られている。その中核となったビートルズ・シネ・クラブが発展したザ・ビートルズ・クラブの代表が彼女である。会報誌の『月刊・ザ・ビートルズ』の発刊など、関連出版物の編集や監修、2001年から2013年まで毎年続いた「ジョン・レノン スーパー・ライヴ」の総合プロデュース。ビートルズ関係の日本の窓口的存在。この連載に登場する唯一の女性だった。

英語が分からないから

「こんな大規模で運営されているファンクラブは日本だけだってニューヨーク・タイムズの記者に言われましたね」

ビートルズのファンクラブ、〝ザ・ビートルズ・クラブ〟の代表であり、「ジョン・レノン スーパー・ライヴ」の総合プロデューサー、斉藤早苗は、そう言った。

ビートルズ関連の出版物の発行やイベントなどを制作するプロデュース・セン

ターの代表、浜田哲生が1966年に〝ビートルズ研究会〟として発足、67年に〝ビートルズ・シネ・クラブ〟として始まったファンクラブを引き継ぐ形で運営しているのが彼女である。

「アメリカには50人とか150人とかのサークル的なものが点在するだけなんですって。ポールは日本には巨大なファンクラブがあるから嬉《うれ》しいって言ってくれてますけど。イギリスにもないはずですね」

ビートルズはなぜそんな風に世界のどこよりも日本で聴かれ続けているのか。

斉藤和義はこう言った。

「ヨーコさんが日本人というのも結構デカイ気がしますよね。ジョン・レノンが日本人を選んだというのは、単純に嬉しいですもんね。彼も軽井沢によく来ていたっていうし、日本が気に入ってたみたいですし。歌詞にしても後期の曲には俳句の影響もあるようですし。でも、英語だから直接は分からない。和訳されていても訳した人の主観だから、自分でこんな感じかなって思ったりね。ヴォーカルや言葉も楽器の一つとしてサウンドとして聴こえてきたりして、それが何を歌ってるか知りたいという想像力を膨らませることも多いと思う」

英語が分からない国だからこその聴き方、ということになるのだろうか。

斉藤和義は、こんな理由もあげた。

「日本人って細かいことが好きだろうから、レコーディング技術がどうだったとか。あの機材は何だとか、ビートルズはそういう研究対象としてもお宝ですからね」

ファンクラブの会員はどのくらいいるのだろう。

斉藤早苗は事もなげにこう言った。

「6万人弱ですね。男女比は2対8くらいまでになりました。男性が8です(笑)。男性は一回入るとお辞めにならない。ほとんどの方が30年以上でしょうか。女性は子育てが終わって復活するという方が多いです。スーパー・ライヴは女性が多くて6対4くらい。年齢も10代から70代の第一世代までいらっしゃいますね」

ファンクラブの会員誌になっているのが毎月発行されている『ザ・ビートルズ』である。彼女は編集発行人をつとめている。本文80頁《ページ》。彼らが残した曲や使用楽器の解説、海外のジャーナリストのルポやインタビュー、現時点のソロの動向、50年という時間を縦横に編集。解散したバンドのファンクラブの雑誌とは到底思えない。

「ジョンのミミおばさんが亡くなってしまったりして、早くしなければとリバプールやハンブルグから当時の関係者を日本に呼んで、三日三晩、朝10時から夜10時までインタビューしたこともあります。話題が尽きなくて頁数が足りないんです(笑)」

ビートルズをどう伝えてゆくか。

そんな中で2001年に始まったのが「ジョン・レノン スーパー・ライヴ」だった。

エルビスにはないもの

「『リボルバー』あたりからビートルズの話をする相手が男性ばっかりになっていったのは覚えてますね。元々女子の少ない学校でしたけど、レコードの貸し借りをする相手が男性になりましたから」

世界で最も大規模と言われているビートルズのファンクラブ、〝ザ・ビートルズ・クラブ〟の機関誌『ザ・ビートルズ』の編集発行人であり、「ジョン・レノン スーパー・ライヴ」の総合プロデューサー、斉藤早苗は、ファンの変遷についてそう言った。

「男の子たちの間でも自分で演奏しようと思う人、色々議論する人、音について分析する人、長髪などルックスを真似《まね》た人とか、あの当時から楽しみ方が分かれてましたね。それがいまだに続いている感じでしょうか」

彼女は「中学生の後半に『ビートルズがやって来る ヤァ!ヤァ!ヤァ!』を、高校1年の時に『ヘルプ!』を見た」ことでファンになった〝リアルタイム世代〟

である。

「友達と一緒に見に行ったんですが、最初はどの人が何という名前なのかも分からない。見終わった時に4人のコーラスみたいな声と音がずっと残ってる感じがして、不思議な音楽だなあ、もう一回見ようかなと思って。『ヘルプ!』でやっとジョン・ポール・ジョージ・リンゴという個々を認識しました。それまでは何とも言えない音楽に興味を持ちましたね」

映画館の扉が閉まらない、スクリーンに向けて叫ぶ、一旦《いったん》入った観客は最後まで居座っている。東京のそんな様子は、すでに何人かが話した通りだ。

「東京オリンピックの時にオリンピックを見ないでプレスリーの映画を見に行ったんですけどガラガラでしたから、その反応の違いにはビックリしましたね」

ロックと映画という関係の先鞭《せんべん》をつけたのがエルビス・プレスリーだ。『ハート・ブレイク・ホテル』でメジャー・デビューした1956年に、すでに主演作『ラブ・ミー・テンダー』が公開。でも、日本では『ブルー・ハワイ』など数本以外は成功したとは言い難かった。

筆者が初めて買ったレコードが『監獄ロック』だった。同名の映画の方は不入りのためロードショー公開が打ち切りになったはずだ。ビートルズにはエルビスにはないアイドル性があった。

「私たちも、クラスで男子2～3人、女子2～3人という感じでしたよ。多数派じゃなかったと思う。ただ、周りのビートルズ好きは前向きで自分の考えで動いていた人が多かった気がしますね。それもビートルズが教えてくれたことかもしれません」

ビートルズのデビューは筆者が高校2年生の時だ。ホームルームで、「プレスリー対ビートルズ」という討論会があった。〝エルビス派〟には、喫煙や裾を広げたラッパズボン着用などの問題児が多く、ビートルズ派は、才気活発な新しい物好きな男女が中心だった。筆者が〝ビートルズ派〟になったのはご多分に漏れず『サージェント・ペパーズ・ロンリー・ハーツ・クラブ・バンド』の後だ。

斉藤早苗は、こう言った。

「『オールナイトニッポン』を聴きながら勉強してたんですけど、リクエストを書いたり、パーソナリティーの亀渕昭信さんにいらっしゃいますかって、局に直接電話してたりしましたね」

彼女がファンクラブの事務を任されるようになったのは、解散直前だった。

100回でも200回でも

「勉強という堅苦しいものじゃないけど、何よりも英語が大好きになったことでしょうか。彼らが本当は何を歌ってるんだろうとか知りたくなりましたからね。特にジョンの詞はそうでした」

ビートルズのファンクラブの機関誌『ザ・ビートルズ』の編集発行人であり、「ジョン・レノン スーパー・ライヴ」の総合プロデューサー、斉藤早苗は「ビートルズが教えてくれたこと」という質問にそう答えた。彼女は、ビートルズのメンバー関連の本の翻訳や監修などでも知られている。

「ジョン・レノン スーパー・ライヴ」は２００１年から始まっている。それは、どういう発案だったのだろう。

「最初は、ビートルズ、ジョン・レノンの歌を次世代に、若い人たちに歌い継いでもらいたい。彼らの好きなミュージシャンに集まって頂いて、トリビュートコンサートがやれないだろうか、というところですね。ただコンサートをやるだけじゃなくて、ジョンはソロになってからはチャリティでしかコンサートには出演してないんですね。彼の遺志を継いでチャリティにしたいということでヨーコさんに相談したんです」

ファンクラブの前身、ビートルズ・シネ・クラブを立ち上げた浜田哲生はオノ・ヨーコの代理人でもあり、彼が代表をつとめるプロデュース・センターは、２００

0年に開館したジョン・レノン・ミュージアムのプロデュースも手がけていた。

「ヨーコさんは、『あら、いいわね』『チャリティのことはよく考えてやりましょう』ということになって色々調べたんですよ」

ジョン・レノンは、ビートルズ解散後、飛び入りなどのゲスト出演以外のフルコンサートとしては、1972年にニューヨークのマディソン・スクエア・ガーデンで行われた「ワン・トゥ・ワン」コンサートしか行っていない。それも精神発達遅延の子供達への支援コンサートだった。

ジョンとヨーコの間にショーン・レノンが誕生したのは75年。ジョンは「子供以上に素晴らしい創造物があるか」と一切の音楽活動をやめてしまう。77年に8ヶ月間日本に滞在した二人が開いた記者会見で、ジョンは「今後、基本的に音楽活動は二度としないだろう。もし、やるとすれば、世界の人々を救うためのチャリティとか、大きな意義と必然性が生まれた時」と発言している。

「ジョン・レノン スーパー・ライヴ」は学校建設のためのチャリティ・コンサートである。2011年までの11回ですでに28ヶ国117校が建設されている。会場で販売されるグッズの売り上げからは東日本大震災で両親を失った子供達への支援にも使われている。

「学校は、形として残り、次世代を担う子供達のためというのがいいですね。今年

(2013年)中に150校に迫ると思います。ヨーコがいつも言ってる『夢を持ちましょう』にも繋がりますからね。10回目の時に一旦《いったん》区切りをつけようかと思ったんですが、彼女に、何を言ってるの、100回でも200回でもやりましょうと言われました(笑)」

若い世代に伝えたい。

2012年、そんな趣旨で出演を依頼されたのが、メンバー全員が80年代生まれのバンド、flumpoolだった。

XVI

ｆｌｕｍｐｏｏｌ flumpool

「ジョン・レノン スーパー・ライヴ」が始まったのは２００１年、会場はジョン・レノン・ミュージアムのあるさいたまスーパーアリーナ。２００４年から日本武道館になり、２００７年から同所でジョンの命日、12月８日に行われるようになった。この連載が組まれた２０１２年の出演者で奥田民生、斉藤和義、吉井和哉、ラブ・サイケデリコらの常連に交じっての最年少が２００８年にデビューしたｆｌｕｍｐｏｏｌだった。メンバー４人の生まれは85年と84年がそれぞれ２名である。

父母が叔父が友達が

「もうちょっとゆっくりしゃべろうと思ったんですけど興奮してテンションが上がり過ぎて、自分でも今何言ったっていう感じだったんですよ」

２０１２年の12月８日、武道館で行われた「ジョン・レノン スーパー・ライヴ」に出演したｆｌｕｍｐｏｏｌのヴォーカル、山村隆太は、初参加の感想をそう言って苦笑いした。

彼らが登場したのは、コンサートが中盤に差し掛かってからだ。過去のライブの収益で建設された117校の紹介映像が終わって、再びコンサートに戻る、つまり後半のトップバッターでもあった。

彼は開口一番、「出れた〜」と万感の一言を口にした。突然の叫びに客席が一瞬ひるんだように感じるくらいに極まっているように見えた。

「僕ら、武道館は一回やったことがあるんですけど、ビートルズがやったところでやりたいな、と思った会場でしたし、スーパー・ライヴは、ジョン・レノンが大好きな人が集まる場所でしょうからね。普通ならリスナーで行くところで一緒に音楽を鳴らせるっていうのは、感無量というか、興奮しますよ(笑)」

ｆｌｕｍｐｏｏｌは、山村隆太(VO)、阪井一生(G)、尼川元気(B)、小倉誠司(D)の四人組。前二者が１９８５年生まれ、後二者が84年生まれである。２００７年に結成されて08年に配信限定シングル『花になれ』でデビューした。翌09年には早くも武道館2日間をソールドアウトにしている。２０１１年の年末にさいたまスーパーアリーナに2日間で3万2千人を集めたライブの幕開けは、ジョン・レノンの『ハッピー・クリスマス』のカバーだった。

２０１２年の「ジョン・レノン スーパー・ライヴ」の男性での最年少出演者が彼らだった。

「僕らで良いのかなあ、っていう自問自答はすごくありました。でも、リハーサルの時に、みんなで並んで『パワー・トゥ・ザ・ピープル』を歌った時に、何かものすごい〝力〟を感じたんですよ。MCでも言ったんですけど、ジョン・レノンの音楽、ビートルズの音楽が好きだって言う気持ちだけはみんなと変わらないからここに立つんだ、そう思えたら緊張が解けた感じでした」

flumpoolは、その時の公演パンフレットにビートルズとの出会いについてメンバー全員のこんなコメントを掲載している。

〝小さい頃、ベースの尼川元気が『レット・イット・ビー』を聴かせてくれたのがきっかけでした〟(山村隆太)。

〝叔父がよくアコースティック・ギターで弾きながら歌ってくれていた〟(阪井一生)

〝母親が大好きだったので、小学生の時から母親の持っているCDを聴いていました〟(尼川元気)

〝ビートルズ好きな父親がよく聴いていたのを子供の時に横で聴いていて自然に好きになりました〟(小倉誠司)。

友人、親戚、両親。様々《さまざま》な経路で歌い継がれていたビートルズが、80年代生まれの若者たちにも繋《つな》がっていた。

山村隆太は、関西の外語系の大学を卒業、英語の教育実習でビートルズの曲を弾き語るという経験もしている。〝受け継ぐ〟側であり〝伝える〟側だったと言えそうだ。

「でも、その時はレノン・マッカートニーという人がいるのかと思ってました(笑)」。

そして聖地に向かう

「ただ、僕の両親はビートルズはあんまり聴いてなかったですね。谷村新司とか堀内孝雄とかベンチャーズもよく流れてましたね」

ｆｌｕｍｐｏｏｌのヴォーカル、山村隆太は、自分の親が聴いていた音楽についてそう言った。１９８５年生まれ。両親は50代の後半、そろそろ還暦を迎える年代になる。

その世代の誰もがビートルズを聴いていたわけではないことは、リアルタイムのファンが決して多数派ではなかったことで明らかだろう。

70年代から80年代にかけて使われたのが〝ニューミュージック〟という言葉だった。二人とも内実はもっと多様性を持っているものの、拓郎・陽水が代名詞のように使われるフォークとも違う、都会的あるいは叙情的でフォークやロックの大衆的な形。ユーミンやオフコース、チューリップ、アリス、ブレープなどが代表的な存在になっていた。

ビートルズとボブ・ディランに影響されて生まれた日本語の音楽――。

ニューミュージックとは何か。そんな議論の際に筆者が使っていた定義がそれだ。ビートルズが見せてくれたバンドという形式や常識に捕らわれない自由な音作り。ディランがお手本だった言葉の実験。ニューミュージックを支えていたアーティストの大半がその両者の影響を受けていた。

とは言え、ニューミュージックと呼ばれた音楽を聴いていたリスナーがビートルズに辿《たど》りつくには多少時間がかかってもいる。flumpoolも、高校生の時に日本語の曲を歌うアコースティック・トリオとして結成された。山村隆太は、「ビートルズに本当に感動したのはバンドで上京してからです」と言った。

「ずっと地元の友達とばっかり遊んでいたんで、東京に来ても友達もいない。一人になる時間も多くなった時に聴いたんですね。日本語の歌詞が好きでしたし、それまで日本のアーティストばっかり聴いてたんですけど、こんなに身体で感じる音楽があるんだと思った。英語だけど今の気分だと感じたんです」

友達に聴かされた時とも学校で歌った時とも違う。ビートルズを初めて一対一で体感したと言って良いのだろう。

「ポールとジョンの声の響きとかコーラスとか、一つ一つがものすごくキラキラしてて、人間ってこんなすごいもん作れるんだって。それまで詞の意味とかを追って音楽を聴いてましたけど、初めて〝音〟を聴いた気がした。もちろん詞も深いですけど、出会いはまさに音、音楽でノックアウトされた。底知れなかった。今でも音楽で一番感動したエピソードだと思います」

１９８５年生まれの若者にそんな風に思わせたアルバム。それが64年に出た『ビートルズがやって来るヤァ！ヤァ！ヤァ！』だった。

「色々調べたんですよ。あのアルバムは、カバーのない全曲オリジナルで、しかもジョンの曲が大半。一番ジョンらしいアルバムって知って、すごく嬉《うれ》しかったですね。ハンブルグやキャバーン・クラブでやっていた頃のバンド臭さも残っている。そこに惹《ひ》かれたのは自分の中にバンドがあったからだと思いますね」

バンドとしてプロになったから分かること——。

彼は、それを確かめに単身、リバプールに向かった。

イマジンの流れる部屋で

もし、ロックミュージックに聖地と呼べる場所があるとしたら、リバプールは、まさにそれだろう。

ビートルズに関心を持った人であれば一度は足を運んでみたくなる。ジョン・ポール・ジョージ・リンゴの4人と同じ空気を吸い、同じ町並みを眺めることで辿《たど》りついたように感じられる音楽の旅――。

1985年生まれのｆｌｕｍｐｏｏｌのヴォーカリスト、山村隆太も例外ではなかった。

「行きたいなあと思ってたんですよ。自分が好きな音楽がどういう場所で生まれたのだろう、どういう所で育った人がこういう音楽を作ったんだろうという興味がすごくあって。一昨年、急に休みが取れたんで、じゃあ、明日から行ってきますって。夜中に旅行会社の店を開けてもらって。めちゃ迷惑(笑)」

念願の地をどんな風に訪ねるか。どこに何があるか、どうやってその地を巡るかを前もって調べて計画を立ててから行く。あるいは、何の準備もなく、そこで感じたままに回ってみる。

「何も調べなかったんですよ。行ってみて感じてみようと。観光バスとかありましたけど乗らずに、もう迷いに迷いながら歩いて歩いて。英語の教職も取ってたのに人見知りですし、早口の英語で返されると怖いんで(笑)。ここからビートルズが出てきたんだと思うと、ちっちゃい街に力を感じるというか。もうちょっと田舎かなとは思ってたんですけど、港に昔の煉瓦《れんが》の建物が残ってたりして、そういうところで雲を見てたり。曇り空でしたね。何か、知らない土地に来ている感じがしなくて。日本と似てるんだなあと感じました」

彼は、リバプールで印象的だった場所に、迷いながら着いたビートルズ・ストーリーと呼ばれる博物館をあげた。マージー河に面した、世界遺産に登録された一角にある煉瓦造りの倉庫風な建物には、メンバーの幼少の頃からの歴史が年代に沿って展示されている。ジョン・レノンゆかりの品が残されているのが〝ホワイトルーム〟だ。

「ずっと『イマジン』が流れてるんですけど、世界中のバックパッカーが集まってる。アジアの人もアメリカ人も黒人も地元らしい人もいる。みんな『イマジン』を口ずさんでるんですね。これだけ世界のバラバラな国の人たちがこの曲を歌ってる。今、ひとつになってる。まさにあの歌そのものだと思いました」

海外でのビートルズ体験、筆者のそれは、別の回で紹介出来ればと思う。

ｆｌｕｍｐｏｏｌは、兵庫県出身のリーダー、小倉誠司(D)以外の山村隆太(V)、阪井一生(G)、尼川元気(B)の3人が大阪府松原市の出身。しかも幼稚園からの幼なじみ。メンバーの関係に〝同郷〟というキーワードが介在するバンドでもある。

「松原も田舎町だったんですよ。ＴＳＵＴＡＹＡが一軒しかなくて。でも、平和で近所づきあいもある。学校もすごく家庭的。僕らは、好きな音楽が一緒だからというより昔からの思い出があるからバンドが出来てる。それが唯一の強さだなって。あの街で生まれ育って良かったと思います」

同郷であることの再認識。それはリバプールが教えてくれたことかもしれない。

4人だからこそ楽しい

「ヨーコさんも言ってたんですよ。イギリスと日本は同じ島国だし、感じ方や感性のあり方に似ているところがあるって。僕も行ってみて思いました。50年も経《た》って、この世代にまで響くことに、そういう背景もあるのかなって」

2012年、「ジョン・レノン スーパー・ライヴ」に初めて出演したｆｌｕｍｐｏｏｌの山村隆太は、そう言った。

「ジョン・レノン スーパー・ライヴ」は、若いミュージシャンがオノ・ヨーコという人物に直接ふれ合うことが出来る貴重な場でもある。

「ヨーコさんがみんなの前で話すのを聞いていただけなんですけど、説得力ありますよね。話としては知っていたことも彼女の口から聞くと、歴史をそのまま体験してる、みたいな感じになりますよ」

彼は、そうやって聞いていた中で特に印象的だったと、こんな話をあげた。

「ジョンは若い頃、三畳や三畳半とか、とっても小さい部屋で音楽をやっていた。そこで一人で夢を見ていたジョンの曲が、今、全世界に広がっているって。それをヨーコさんから聞くのは、それだけでも力になるというか。やろ〜という気持ちになりましたね。つながりと言ってはあまりにおこがましいですけど僕らも六畳一間でビートルズを聴いていたんで（笑）」

〃ゆとりを持って育てられた僕らよ　容赦ない現実に　彷徨い　挑んでゆくだけ〃彼らの2枚目のフルアルバム『Fantasia of Life Stripe』の中の『この時代を生き抜くために』には、そんな歌詞がある。〃生まれ落ちた時から　厭になる程　与えられて〃と歌ったのは、２０１２年のツアータイトルにもなったシングル『Because...I am』でだった。物も情報も有り余った〃ゆとり世代〃ならではの時代認識。人間関係が希薄と言われた世代でもある。

その中でバンド活動を選択した彼らにビートルズは何を教えてくれたのだろう。

「音楽の楽しさじゃないでしょうか。バンドなんです。楽器があって演奏する人間がいてヴォーカルをとる人間が2人もいる。アンサンブルもあってコーラスもみんなでやる。その力の可能性というんですか。4人でこれだけのスケールのことをやる。もし10人もいるようなビッグバンドだったらその力は感じなかったでしょう。僕らも4人だからこその楽しさを追求したい。それはビートルズを聴いて思いを強

flumpool
『Because...I am』
（A-Sketch）

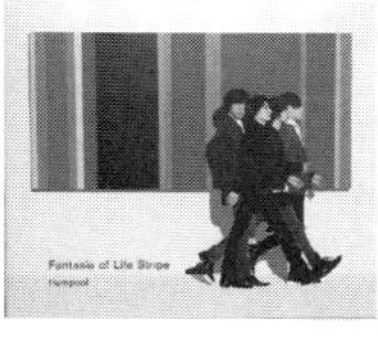

flumpool
『Fantasia of Life Stripe』（A-Sketch）

くしましたよね」

山村隆太は、こんな話もした。

「自分の感性で良いと思ったことを追求する力、というんですか。僕らの世代って色んな情報があるんで、どれが良いか分からなくなってるんですけど、彼らは好きなことを素直にやっている。そういう部分も好きですね」

震災の後、音楽観が変わったという人は多い。２０１２年の彼らのアルバム『experience』の１曲目は被災地を訪れた後に作った『どんな未来にも愛はある』だった。

「学校をプレゼントするというのもそうでしょう。こういう時代だからこそ社会に少しでも何かしたい。アジアの人たちとも手を取り合いたいし伝えたいことがある。それを共有してゆきたいですね」

彼の取材は「ジョン・レノン スーパー・ライヴ」の直後だ。彼らが初めてアジアでのライブを行ったのは２０１３年の３月のことだった。

flumpool
『experience』（A-Sketch）

TAKURO

XVII TAKURO TAKURO

日本の音楽シーンにおける何度かにわたる大きなバンドブーム。1回目が60年代後半、ビートルズやストーンズらに刺激されて生まれたグループサウンズ。2回目が80年代後半から90年代にかけて、BOØWYが引き金になったビートバンド。3回目が90年代のビジュアル系である。94年にデビューしたGLAYは、その全ての要素を備えていた。原点はビートルズとBOØWY。リーダーのTAKUROの口からそんな言葉を聞いたのは一度や二度ではなかった。

これで部活辞めました

「小学生の時ですね。『FMステーション』という雑誌があったんですよ。その中に〝サウンドバザール〟という売ります、買いますのコーナーで『赤盤』のミュージックテープを700円で買ったんです。それがもう、衝撃でした」

GLAYのTAKUROは、〝ビートルズとの出会いと最初の衝撃〟という質問にそう答えた。

この連載も大詰めに来ている。1940年代生まれのリアルタイム世代から親が聴いていたという70年代、80年代生まれへと辿《たど》ってきたインタビュー取材も彼が最後になる。TAKUROは、解散直後の71年に北海道函館に生まれた。ビートルズは「教科書にも載っていたし、母親が家でシャンソンと一緒に歌っていた」という環境だった。

「赤盤」というのは、73年に発売された2枚組ベストアルバム『１９６２―１９６６』の別名である。『１９６７―１９７０』とともに解散後に氾濫した海賊盤対策として企画された。ジャケットの色の違いで「赤盤」「青盤」と呼ばれ、ともにアルバムチャートの1位を記録した。

「その中でも少年の想像力をかきてたのは『イエスタデイ』でしたね。今の俺の言葉で言うならば、あの曲にちょっとした宇宙を見ました。小学校5、6年の時ですね。その頃、埼玉県春日部市に親戚がいて遊びに来たんですけど、その時に近所のデパートでビートルズ展をやってたんです。そこで『ビートルズ海賊盤事典』（講談社）を買ったんですよ。それが最初のビートルズの本でした。それは今でも持ってるんですけど、もうすり切れるまで読みましたね。いきなり海賊盤という捻《ひね》った入り方をしたのが俺らしいというか（笑）」

時代は80年代である。彼は「日本のフォークやニューミュージックが大好きでチューリップ、オフコース、ユーミン、『メリー・アン』で初めてヒットを飛ばし

ザ・ビートルズ『1962-1966』（EMIミュージック・ジャパン）

『ビートルズ海賊盤事典』（講談社）

たアルフィーとかも聴いていた小学生」だった。ビートルズのアルバムはまだ「赤盤」1枚しか持っていない。それもカセットテープだった。

TAKUROには、ファンなら知っているという中学2年の時のこんなエピソードがある。彼はサッカー部のレギュラー部員だった。

「NHK・FMの『軽音楽をあなたに』という番組で10日間ぶち抜きで『ビートルズ全曲特集』をやったんですよ。まだ自分でレコードを買えなかったんで、どうしても番組を録音したい。でも、何とサッカー部の大会と重なってた。悩んだTAKURO少年は、ビートルズを聴くことを選んだんですね。退部したんです。ビートルズを聴くから辞めますって。『お前、何言ってるんだ』と言われましたけどね(笑)」

午後4時5分から始まる番組を120分テープの表裏に録音する。録音し終わったら必ずその日の夜にアルバムごとに編集してA面とB面に分けてゆく。それを10日間ずっと続けたというのである。

「それでようやく全曲を聴けたわけです(笑)」

その話には、GLAYとしてデビューした後に、エピソードを知った当時の番組のDJが、改めて放送テープを送ってくれたというオチもついている。

彼が自分のお金でアルバムを揃《そろ》えたのは、東京に来てもらった最初の給料でだった。

博多なら博多の音を

この連載で話を聞いたアーティストたちのそれぞれの反応には共通点があった。ビートルズと出会った頃の話をする表情が嬉々《きき》としている。目を輝かせて話しながら自分でもあらためて思い出すエピソードを楽しんでいる。

NHK・FMの『軽音楽をあなたに』のビートルズ全曲特集を聴くためにレギュラーだったサッカー部を辞めたというGLAYのTAKUROもそんな一人だった。「BOØWYなどの日本のバンドに出会うまでの中学3年間はまさにビートルズ一色」だった。

「ビートルズと名のつくものは例えママさんコーラスの番組であろうが、ボサノヴァ・バージョンであろうがジャズ・バージョンであろうが、片っ端から録音してましたね。図画工作の時間なんかは絵を描くにも版画のレリーフでもジョンの肖像画でしたし。『レット・イット・ビー』のジャケットと同じ構図で自分の写真を撮って現像しては一人四役で遊んでました(笑)」。

その頃のエピソードが次から次へと飛び出してくる。GLAYとしてのインタビュー取材では、そこまで限定された質問をされることも少ないのかもしれない。

ミュージシャンとしての今の姿を彷彿《ほうふつ》とさせるこんな話もある。

「ギターを持った時に初めて買った本が『一週間で弾けるビートルズ』だったんですよ。1日目が『イエスタデイ』の単音弾きでした。『プリーズ・プリーズ・ミー』の単音弾きとか『レット・イット・ビー』のコードをなぞるとか、そんなもんだったんですけどね。もちろん一週間なんかで弾けるわけがない(笑)。でも、最初に覚えたギターソロは、『レット・イット・ビー』のシングルバージョンで聴いたソロかな。今でもGLAYのギターソロを忘れたとしても、あのソロは指が覚えてますね」

TAKUROは、そんな話をしながら「一番最初のレコーディングもビートルズだったんです」と、こう続けた。

「レコーディングと呼べるかどうか分からないですけど、『ノー・ホエアマン』(邦題『ひとりぼっちのあいつ』)を一人多重録音したんですよ。ラジカセを2台置いて、片方にギターを録音して、片方を耳コピしたベースを入れて最後に歌。面白いんですけど、最初に入れたギターなんか全く聴こえなくなる(笑)。でも、あの曲のポールのベースラインが好きだったんです」

彼が「格好いいなあと思ったエピソード」として挙げたのが、ジョージ・マーティンがビートルズの4人と最初に会った時のやりとりである。

「レコーディング環境で気に入らないことがあったら言ってくれ」というジョージ・マーティンの申し出に、ジョージ・ハリスンが「あんたのネクタイが気に入らない」と答えたという有名なシーンだ。

「子供心に何てこと言うんだろうって。でも、アイロニカルなジョークとして成り立っている。粋っていうか、イギリス人特有ですよね」

そのエピソードは井上陽水にとっても忘れらない会話だったことは以前触れた。

九州と北海道——。

TAKUROは「博多なら博多、北海道なら北海道の音を鳴らすこと。それもビートルズが教えてくれたことですよね」と言った。

そこに世代のギャップはないのかもしれない。

神様のお告げで変更

今年の春もそうだったように、地方で生まれ育った多くの若者が故郷を離れて新しい環境に旅立ってゆく。

その時、何を持って行くか。GLAYのTAKUROは、こんな話をした。

「俺、TERUと一緒に出てきたんですけど、ビートルズの詩集とギターと着替え

TAKURO

といくらかのお金とを持って東京に来たんですよ」

東京に出てバンドをやりたい——。

函館の高校を卒業した彼は、中学の同級生だったＴＥＲＵとともに東京に着いた。二人が向かったのは北区・赤羽にある印刷工場の寮だった。１９９０年の春だ。東京ドームでは、２月に初めて来日したローリング・ストーンズが10日間という大規模なコンサートを行っていた。

「寮に入って最初に仲良くなった先輩がストーンズのファンだったんです。俺と連日、ビートルズ対ストーンズの議論なんですよ。来日公演をテレビでやった時は、俺たち後輩が集められてライブの間２時間半ずっと酒飲みながら激論を交わしてましたね」

彼は、そう言いながら「当時はストーンズの魅力が分からなかったの。今は逆転したくらいに好きなんだけど」と付け加えた。

彼が、別の高校に通っていた小中学校の同級生、ＴＥＲＵを誘ってＧＬＡＹを結成したのは、87年だった。

名前は、ジャンルにとらわれない白でも黒でもない灰色。函館の空の色でもある。本来のスペルはＧＲＡＹ。でも〝Ｒ〟ではなく〝Ｌ〟なのは、ビートルズがカブトムシ〝ＢＥＥＴＬＥ〟を〝ＢＥＡＴＬＥ〟に変えたのと同じだ。

「ジョン・レノンもよく言ってましたよね。枕元に神様が立って、お前は今日からビートルズ。三つ目のスペルを〝A〟に変えなさいってお告げがあった、って。そういうエピソードは子供の頃からずっと格好いいなあと思って読んでましたからね」

高校時代の彼は、ビートルズ一色ではない。

すでにBOØWYやレベッカ、パーソンズなどの日本のバンドも登場し、空前のバンドブームが出現していた。その一方で北海道からは安全地帯のようなメロディアスなバンドも出ていた。

「BOØWYみたいにギターとヴォーカルのヒーローが2人いるというのもありましたけど、やっぱり、まだ分別がつかないくらいの頃に見たジョンの姿とかメンバーそれぞれのキャラクターとか、ビートルズの佇《たたず》まいがGLAYの結成に影響を与えたんだと思いますよ」

GLAYはデビュー当初からメンバー4人がキャラクターを持ったバンドに見えた。

TAKUROと同じ高校の同級生HISASHI、1級下で上京後に加わった函館の後輩バンドのメンバーだったJIRO。雑誌などの写真もそれぞれのが個性を持って登場する。

「デビューの時からそう決めてましたね。絶対に4人を同等に前に出す。それはビートルズから学んだことですね」

彼が赤羽の印刷会社につとめていた期間は「3ヶ月」だった。その最初の給料でようやく揃《そろ》えたのがビートルズの全アルバムのCDだった。

「やっぱり、自分で編集したカセットテープじゃ肩身が狭いよね(笑)」

センチメンタルな不良

ビートルズに影響を受けたアーティストには二つのタイプがあると言って良いのかもしれない。

たとえば、その人が作る曲や音に明らかにビートルズ的傾向が見えるという例。もう一つは、そんな風に外見的な見え方はしないものの、活動の根底に、彼らから学んだことがあるという形だ。

GLAYのリーダー、TAKUROはこう言った。

「GLAYは、音楽的なところでは、ビートルズというより日本寄りですけど、生き方とかバンドの構築美というところではものすごい意識をしてますね」

TAKUROは、1971年生まれである。彼にとってリアルタイムで経験する〝出来事としてのビートルズ〟が80年12月8日のジョン・レノンの死だ。彼は9歳だった。

「ニュースは見てるんですよね。9歳の俺ですら覚えてる。でも、その時は、偉い人が死んだくらいにしか思っていなかった。その後に、遅咲きながらも音楽を通して出会った時に、あのニュースの彼が、このジョン・レノンなのか、っていう振り返り方でしたね」

TAKUROは、ビートルズに対して音楽と同じくらいに人間や時代背景に惹《ひ》かれたと言った。中学生の彼がどんな風にのめり込んでいたかはすでに紹介した。

彼の心を誰よりも強くとらえたのがジョン・レノンだった。

「中学の初めの頃は、裸になるなんて格好悪いなあと思ったこともあったんですよ。母親のことを歌ったり。正直なところ、こんな大人がいるんだ、みたいなところから始まった。それが段々《だんだん》リアルになっていったんですね。これは後付けですけど、彼の恵まれない家庭環境に自分を重ねて慰めていたのかもしれないね。俺も家には誰も居なかったですからね。音楽を聴いていれば一人でも寂しくない。俺にとっては慰めの部分もあったので、余計そう感じていたんだと思います」

TAKUROは、3歳の時に父親を亡くしている。

母親の手ひとつで育てられた彼は、それまで一緒に住んでいた父方の祖母とも離れて暮らさざるをえなくなった。生まれてすぐに父が行方不明になり、更に母親が他の男性のもとに走り、ミミおばさんに引き取られるというジョンの少年時代の境遇にシンパシーを感じたのは自然なことだったに違いない。

「ジョンのそういう家庭環境とか、不良だったこととか今はみんな知ってますけど、当時はそこまで認知されていませんでしたし、読みあさりましたからね。何てセンチメンタルな不良だったんだろうって思いますもん。寂しさの裏返しで人を傷つけるみたいな。それって全部、自分を庇《かば》うとか守ろうというプロテクターの役割をしてたんでしょうね」

１９６８年に初版が発売され、２０１０年にも改訂版が出ているビートルズ唯一の公認伝記本、ハンター・デイヴィスが書いた『ビートルズ』にも、ジョンの少年時代の問題児ぶりが書かれている。

「俺、高校の頃も人を喰《く》ったような発言とか行動をしてやろうと思ってましたから。ロックの入り口でのジョンの影響はホントに大きいです」

その頃のＴＡＫＵＲＯの手の届かなかった思いの中にビートルズのファンクラブもあった。

ヒットしてGoodか？

GLAYのTAKUROにこの連載の取材を依頼したのは2013年の1月、筆者が担当している関東地方のFMラジオの番組で、GLAYの新作アルバム『JUSTICE』『GUILTY』について話を聞いた時だ。

すでに始まっている企画の趣旨と進行具合、登場してくれている人たちについて説明する中で、彼は、ファンクラブの会長で雑誌の編集長、と言いかけた時、彼は「斉藤早苗さん？」と先回りするかのようにフルネームで応じたのだ。彼は、「会員なんですよ」と笑った。それもバンドとしてデビューしてから会員になった、と言った。

「だって金銭的な余裕がなかったですから。100％経済的な問題(笑)。欲しかったブートレッグ(海賊盤)と専門誌、それとファンクラブの会報。入ったのが1997、98年くらいで、そこからは毎月送られてきますけど、その頃、バックナンバーとかを20年分くらいまとめて買いましたね。一番欲しかったのがジョン・レノンが死んだ時の追悼号、あれはやっぱり思い入れがありますよ」

アマチュアのバンドではない。97年のGLAYと言えば、ベストアルバム

GLAY
『JUSTICE』（ポニーキャニオン）

GLAY
『GUILTY』（ポニーキャニオン）

『REVIEW』が480万枚という当時としての売り上げ最高枚数を記録、年間チャートの1位にランクされた時だ。デビュー3年で絶頂を極めた時期にあたる。その時に、新たに加入したファンクラブの会員として向き合ったビートルズは何を教えてくれたのだろう。

「何だろう。人間を教わったような気がするな。人間くさいもの。17~18歳の頃は不良のジョンと真面目なポールみたいな対照的な二人の関係が、ショービジネスの世界でのヒットの力を得て変わって行くでしょう。ポールがバンドを支配するようになるその一方でジョンはヨーコの方に行くようになってビートルズに興味を示さなくなる。ジョンはその先を見ちゃったんだろうね。スターになっても結局は重苦しいだけ。毎年毎年ヒットを出していかなければいけない、まるでサラリーマンのような活動。ジョンがヨーコとの自由な生活を求めた時に、残されたメンバーが感じた寂しさ。メンバー間の殺伐とした関係の中で音楽を作るつらさは『レット・イット・ビー』の映画のスクリーンからも伝わってきますよね」

この連載に登場する最後のアーティストをTAKUROにしようと思ったのは、取材の時期が遅くなったからではない。

バンドとしてのビートルズが直面した苦悩や葛藤をバンドリーダーとして語れるのが彼ではないかと思ったからだ。もちろん成功の規模は遥《はる》かに違う。でも、日本

GLAY
『REVIEW』（ポリドール）

という マーケットの中で上り詰めた彼らだから共感することもあるのだろうと思った。

「確かに、あの映画の中のスタジオが嫌々《いやいや》に見えたジョージとヨーコさえいればいいや、みたいなジョン、何とかバンドをまとめようとするポール。彼の振る舞いは、反面教師として、たくさんのことを教えてくれたのは間違いないですね。だって、それまでのショービジネスは勝てば官軍だったはずなんですよ。今も日本の音楽業界はそうですよ。でも、ヒットさえすればバンドはまとまるというのが幻想なんだってビートルズに学びましたね」

彼はそう言いながら、GLAYに起きた解散話について触れた。

夢を叶えてしまった後

GLAYが〝解散〟という言葉と向き合ったのは、1999年と2000年だった。

彼らが、千葉県の幕張メッセに、単独のアーティストの有料ライブとしては世界に例のない約20万人を集めた野外イベントを行ったのは1999年の夏だ。

その直後のインタビュー取材でTAKUROは、憔悴《しょうすい》しきったような表情で

「あの日、今までのGLAYは死にました」と言った。

バンドに限らず、ロックのサクセス・ストーリーには、夢を叶《かな》える、というパターンがある。志を同じくする音楽仲間が少年時代から夢見ていた舞台に立つ。でも、誰もが成長し、年を重ねて行く。そうやって夢を叶えてしまった後をどんな風に生きて行くか。その先を描いて見せた人たちは多くない。

TAKUROは、その時のインタビューの中で「幕張が通過点だなんて口が裂けても言えない。ゴールに決まってる」と言い、更に「望む、望まないに関わらず、新しいGLAYに生まれ変わる必要がある」とも話していた。

日本のマーケットの中で自分たちの音楽はどうあるべきか。やりたい音楽と求められる音楽のずれ。その過程で解散が現実問題になった。その時の状況は、拙著「夢の絆―GLAY DOCUMENT STORY 2001-2002」(角川書店)に詳しい。

TAKUROは、もし4人の誰かが抜けるとしたらバンドは解散すると決めていた。

彼は、あの時のことを改《あらた》めてこう振り返る。

「俺がするべき選択は、GLAYを止めることしかなかったと思う。あそこでもし、今こんなに売れてるんだからいいじゃないか。お前の気持ちは関係ない、バンドはこのまま進むんだってやってしまったら、遅かれ早かれとっくに崩壊してた。

田家秀樹
『夢の絆―GLAY DOCUMENT STORY 2001－2002』（角川書店）

今のGLAYはいないでしょうね。今もこうしてバンドを続けてられるのは、ビートルズから学んだ教訓のおかげでしょう」

彼は、そんな話をしながら、反面教師のことばっかり言ってて良いのかなと、申し訳なさそうな表情をした。

「普通、誰かがビートルズのメンバーになったとして、自分からやめるなんて言いますか。欲しいものは手に入るだろうし、勲章までもらえるんですよ。だけど、人はそういう場所にいても、やっぱり人としての自分の人生を選択するんだろうなあ、ということを10代の時に強烈に考えさせられましたからね」

ビートルズはなぜ解散したのか、せざるを得なかったのか。それはファンなら一度は考えたことがあるはずだ。

TAKUROは、こんな見方をした。

「バンドの中で、パートとしてのドラムだ、ベースだというのはたいして意味がないんです。俺たちは壁に当たったときに一番最初に考えるのは人間関係の確認、志の確認なんです。GLAYごときがこんなことを言うのは、大それたことですけど、ポールがもし、人間関係の修復から取り組めていたら、どうなってたんだろうと思いますね」

GLAYの2000年のアルバム『HEAVY GUAGE』に『サヴィル・ロウ・3

GLAY
『HEAVY GAUGE』（ポニーキャニオン）

番地』という曲がある。TAKUROが、ビートルズが最後の演奏を屋上で行ったビルを訪ねて書いた曲だった。

夢も挫折も成功も失敗も

TAKUROが自ら言うように、彼のビートルズへの心酔ぶりはあるものの、GLAYの作品の中にビートルズを連想させる曲は多くない。アルバム『HEAVY GUAGE』の中の『サヴィル・ロウ・3番地』以外では、2007年10月に出た4曲入りシングル『Ashes. Ep』の中の『MOTHER NATURE'S SON』くらいではないだろうか。ビートルズの2枚組、『ザ・ビートルズ』(通称「ホワイトアルバム」)収録。ポール・マッカートニーが書いたアコースティックソングだ。

「あれはJIROの選曲でしたね。彼は、ビートルズを聴き始めたのは割と遅くて、俺の車に乗るようになって聴き出したくらいだったんですけど、シェリル・クロウのバージョンが好きであれをやりたいって。俺たちはあの頃、バンドとそれを取り巻く環境に疲れ果てていたことがあって、カバーというよりバンドを楽しみたくてやった感じですよ。サラリーマンのオジサンが週末にやるような(笑)。詞や曲のクオリティや、ましてや売れる売れないとかにとらわれないでバンドを楽しむこ

GLAY
『Ashes. Ep』(EMIミュージック・ジャパン)

とが必要だった」

ＧＬＡＹは２０００年代の中盤から、それまでの活動と環境を一新した。レコード会社の移籍やマネジメントスタッフの一新、自分たちのレーベル〝ラバーソウル〟の発足。それまでの自分たちの曲の権利を管理するという作業もあった。その発想の根底にあるのがビートルズが作ったアップルだった。

「もちろん、強烈に意識しましたね。ビートルズがなしえなかったコンサート制作部門も信頼出来るスタッフとともに一緒にやりましょうとか。音楽を知らない音楽屋さんがバンドを弄《もてあそ》ぶ時ってメンバーの収入に差をつけたりしがちなんですけど、本人は俺の演奏があってこそと思ってますから簡単に壊れます。バンドを壊すのはそんなに難しいことじゃないんですよ」

ＧＬＡＹが洋楽のカバーをＣＤにしたのは『MOTHER NATURE'S SON』が初めてだった。そうやって環境を再構築する過程であらためてバンドの原点を再確認する曲でもあった。

バンドの楽しさ。そこにビートルズが教えてくれたことがある——。

「それはもう、あるある、ですよ(笑)。にも関わらず、『レット・イット・ビー』のあのつらそうな4人になってしまったわけですから。『サヴィル・ロウ・３番地』も『HEAVY GUAGE』も、子供から大人になってゆく過程での通過儀礼みたいな時期の作品でしょうね」

彼は、そんな話をしながらジョージ・ハリスンについても触れた。

「52歳でなくなった時に思いましたよ。ビートルズのジョージ・ハリスンでもガンには勝てないんだって。世界最高の治療も受けられるだろうし、俺が治してやるという素晴らしいお医者さんもいたでしょう。カリスマだスターだという儚《はかな》さや愚かさ。自分たちらしい生き方をしなければいけない。ライフ・イズ・ベリー・ショート。ジョンの言葉の通りですよ」

夢も挫折も成功も失敗も、ビートルズが教えてくれた。

GLAYは、来年(2014年)がデビュー20周年だ。今、ステージでTERUは「絶対に解散はしない」と明言している。

エピローグ——私のジョン・レノン

「50周年だから50回ですかねえ」というアバウトな始まりだった連載は、気が付けば予定回数をはるかに超えていた。影響されたミュージシャンの数は限りない。続けようと思えば無期限連載にでもなる。80年生まれの世代までをフォローした時点でひとまず区切りをつけようということになった。最後を90年代以降の最強バンドであるGLAYで終わるのはどうだろう。それも他人行儀かもしれない。自分のことを書くべきではないだろうか。それがエピローグとなった。

俺はジョン　君はヨーコ

ビートルズが日本の若者に与えた影響は音楽だけに限らない。ファッションやアートのセンスや表現のスタイル。音楽がその発信源になったという意味でも未だに彼らを凌《しの》ぐ存在は登場していない。

それだけではない、バンド解散以降のそれぞれの有り様は、人の生き方という意味でも示唆に富んだものだった。

約半年間に亘る長期連載の最後を、自分の体験で締めくくりたいと思う。

今、書店に並んでいる多くのビートルズ関連本の多くが書き手の体験で終わっているものが多い。その人の個人的な出来事に終始しているものも少なくない。劇作家・佐藤信が１９６０年代に発表した戯曲のタイトルも『あたしのビートルズ』だった。

誰もが固有のビートルズを持っている。それこそが解散後40年以上経《た》っても聴かれ続けている最大の要因であるのかもしれない。

前置きが長くなった。

筆者が語らなければいけないのは、ジョン・レノンのことだろう。もし、彼がいなかったら、もし、彼があいう生き方をしていなかったら、自分の選択も違っただろうと思うことがあった。

彼とオノ・ヨーコとの間にショーン・レノンが生まれた75年のことだ。「子供以上に創造的な作品があるだろうか」と一切の音楽活動を休止して、子育てに専念したことはすでに触れた。〝ハウスハズバンド〟今で言う〝イクメン〟の走りということになる。

筆者にもほぼ同時期に生まれた男の子がいた。そして、70年代の終わりになり、夫婦に行き違いが生まれ、別々の道を行くことになった。

当然のことながら子供をどうするか、というのが大きな問題となった。

自分で引き取ろうと思ったのはジョン・レノンがいたから以外の何者でもない。

筆者は当時、数人のスタッフを擁した編集プロダクションを主宰していた。その中にも人間的なトラブルや金銭的な問題が生じていた。

一切を精算して子供と暮らす。そんな選択に踏み切れたのは、ジョン・レノンがいたからだ。

幸い、放送番組の構成や音楽について書くことは自分の趣味のような形で続けていた。

そうやって細々とでも好きなことをやって行けば何とかなるかもしれない。そう思えたのはジョン・レノンがいたからだ。彼が子供を背負って家にいる写真がどれだけ励みになったことか。

男が仕事をしないで子育てをすること。それは男女の従来の役割を超えた有り様だった。彼が、そんな生活について語ったインタビューの中で「僕はこれまで、男が偉いと思っていたブタだった」と発言していた。

ビートルズ時代もそうだったように、ジョン・レノンは最後まで既成の価値観に縛られない自由人だった。

「打ち合わせしてたら、子供の飯だって帰っちゃうんだもんな」。当時を知る人にはいまもそう冷やかされることがある。それでも良いと思ったのは、繰り返すようだがジョン・レノンがいてくれたからだった。

彼が射殺された時、経験したことがないくらいに泣けた。それは単なるスーパースターの死ではなかった。

I WEST 72 STREET NY

ジョン・レノンが死んだ報《しら》せを聞いたのは甲斐バンドの武道館の公演中だった。確か、クリスタルキングの関連取材で長崎・佐世保を訪れた足でそのまま武道館に向かったのだと思う。開演直前に席に着くと、隣にいた、甲斐バンドと懇意にしていた福岡出身の広告代理店の営業マンに「ジョン・レノンが射殺されたらしい」と耳打ちされたところでコンサートが始まった。

――逝ってしまったジョン・レノンのために。

甲斐よしひろはそう言って本編最後の曲、『100万$ナイト』を歌った。

終演後の楽屋でのことだ。ジョンの死を伝える夕刊紙をスタッフから手渡された甲斐よしひろは「時代が必要としなくなった人間は死ぬんだ」と、怒りとも悲しみともつかない、憮然《ぶぜん》とした表情で破り捨てた。信じられないことが起きた。それは、同じ時代を過ごした世界中の音楽ファンがそうだったはずだ。

ジョンの死は、一人のスーパースターの死ではなかった。その4年前、1976年にエルビスが死んだ時の悲しみには同情に近いやりきれなさもあった。ドーナツなどの過食と不摂生、あれだけのアーティストがなぜそんな死に方をしたのか。そんな結末を辿《たど》らざるを得なかったのか。

ジョン・レノンはそうではなかった。ビートルズとしての自分を否定し、父親として新しい生き方を選び、再び音楽人生に復帰した矢先の悲劇だった。80年のアルバム『ダブル・ファンタジー』は、それまでにない優しさや愛情に包まれたアルバムだった。

ジョン・レノンの死は、日本のアーティストに限りない衝撃をもたらしていた。井上陽水は、公の場に喪章をつけて現れた。吉田拓郎は「ジョンが死んだ40歳までは歌う」と自分の音楽人生の年齢的なターニングポイントとして引用するようになった。

ビートルズで青春を過ごした世代には「30過ぎは信じるな」という合い言葉に似たフレーズがあった。それまでの大人とは違う価値観の選択。拓郎は34歳になっていた。ジョンが死んだ40歳をどんな風に迎えるか。それは、新しい課題となった。

ジョン・レノンが殺されたニューヨークの自宅前は、世界中のビートルズファンの聖地となった。ダコタハウスを臨むセントラルパークの一角はストロベリー・

ジョン・レノン/ヨーコ・オノ
『ダブル・ファンタジー』
(ワーナー・パイオニア)

フィールズと名付けられた。

吉田拓郎と井上陽水の二人が、ストロベリー・フィールズを訪れたのは81年の春だ。彼らに小室等を加えた三人が、マンハッタンを24時間、思いついた場所で即興で歌う。TBSの開局30周年を記念した〝ニューヨーク24時間漂流コンサート〟というラジオドキュメンタリーの企画構成が筆者だった。

オノ・ヨーコが通りがかったのは、ベンチに座った二人がビートルズナンバーを歌い始めてすぐのことだった。

局の方からのインタビュー依頼は実現しなかった。でも、二人がそこで歌うであろう時間帯は連絡が行っていた。偶然を装って姿を見せたのは彼女の好意だった。

経緯を知らない二人は「今、通ったのヨーコさんじゃない」と放心したように顔を見合わせ、歌っていたのがポールの曲だったことを最後まで悔やんでいた。

レノン・シンドローム

ジョン・レノンが死んだ40歳をどう迎えるか。そして彼が経験しえなかった40代以降をどう生きるのか。

それは、若者の音楽として始まったロックやフォークに関わってきた人たちにとって新たなテーマとなった。

「ジョン・レノンが死んだ40歳までは歌う」

インタビューなどでそう公言していた吉田拓郎が自身のキャリアの集大成として静岡県掛川市の「つま恋」で野外イベント「ONE LAST NIGHT in つま恋」を行ったのは1985年、39歳の夏だ。

彼のバックバンドでプロ・デビューした浜田省吾はじめ、ゆかりの人たちが勢揃《せいぞろ》いしたオールナイト・イベント。自ら「生涯最良の日」と呼び、一つの時代に幕を引く夜であることを隠さなかった。

翌86年4月に制作された40代最初のアルバムはニューヨークでレコーディングされたものだった。40代の一歩をジョンが暮らしていた街で踏み出す。それは、ビートルズを手がかりに生きた〝手本なき世代〟が〝ジョン以降〟をどう生きて行くのかという試みのようでもあった。

筆者が中村あゆみのミニ・アルバムのニューヨークレコーディングに取材で同行したのは86年の9月だ。その日程の中に自分の40回目の誕生日が入っていた。出発直前、30代最後の仕事が「ONE LAST NIGHT in つま恋」のフィルム上映とトークイベントだった。

ニューヨークのレコーディング・スタジオの廊下に、そこで制作されたアルバムのゴールドディスクが飾られていた。その中の一枚を見て心蔵がとまりそうになった。ジョンの最後のアルバム『ダブル・ファンタジー』があった。中村あゆみのアルバムのエンジニアは『ダブル・ファンタジー』のアシスタントを務めていた人物だった。

「1980年12月8日のことを聞かせてほしい」

彼にそう聞いたのは、インタビューが終わろうとする時だ。一瞬「こんな話をするつもりじゃなかった」という表情をした彼は、観念したようにこう言ったのだ。

「ジョンは、ずっと今、君が座っている椅子で冗談を言ってたんだ。じゃ、また明日って出て行ってしばらくしたらテレビのニュースで彼が死んだと伝えてた。冗談にしてはひどくないか、とみんなで話してたら本当だった」と淡々とした表情で言った。

俺は、ジョンが死ぬ直前までいたスタジオで彼が座っていた椅子に座って、40歳の誕生日を迎えている――。

そう思ったら涙が止まらなくなった。

この話にはまだ続きがある。出発の成田空港でばったりあったのがビザの更新のために一時帰国、再びニューヨークに戻る途中の尾崎豊だった。更《さら》に、中島みゆきが、新作アルバム『36・5℃』のトラックダウンでプロデューサーの甲斐よしひろとともにニューヨークにいた。その頃、好きで関わっていたアーティスト達が集まっていた。

自分のやってきたことは間違いじゃなかった。

そう思ったのは、この時が初めてだったかもしれない。

こんな偶然があるのか。

帰りの飛行機が燃料トラブルでアラスカのアンカレッジ空港に緊急着陸した時に、生きた心地がしなかったのは言うまでもない。

ただ星空があるだけ

もう一つだけ自分の話を書いておきたい。

人と人を結びつけるのに音楽がどのくらいの力を持っているか。

ビートルズがいかに世界共通かという格好のエピソードだと思うからだ。

1992年にモンゴルに行った。ヤマハが主催するバンドコンテストのモンゴル大会の取材だった。

モンゴルはそれまでの社会主義体制を放棄し民主化へと方向転換していた。禁じられていた西洋音楽が解放される最初のイベントが、そのコンテストだった。日本からはヤマハに所属していた福岡出身のバンド、Ｚ―ＢＡＣＫがゲストで呼ばれていた。

西洋音楽というのは主にロックのことだ。解禁されたとは言うものの街にはレコードショップもない。ラジオはまだ国営放送しかなく、流れるのは民族音楽ばかりで英語の音楽を流す番組はない。

それでもいくつものロックバンドがあった。彼らの情報源は、ヨーロッパやロシアの旅行者から入手したテープや海賊盤のレコードだった。

市内には西洋音楽のための楽器屋も存在しない。ドラマーは折れたスティックをガムテープで補修しながら大切に使っていた。

コンテストの会場はウランバートル市内の元サーカス小屋だった。この日を待ちかねていたモンゴルのバンドの演奏曲の中には社会主義時代には批判もされていたという英雄、チンギス・ハーンを讃《たた》えるオリジナルもあった。

彼らとの共通言語がビートルズだった。Ｚ―ＢＡＣＫと彼らが一緒に演奏する。どのバンドもビートルズは知っていた。『カム・トゥゲザー』や『オブ・ラ・ディ、オブ・ラ・ダ』。歌詞は片言で演奏も特別にうまいわけでもない。

でも、そうやって堂々とステージで歌える喜びがひしひしと伝わってきた。

コンテスト終了後、歓迎会が用意されていた。

それもホテルやレストランではない。草原だった。

数百キロも続くという大草原の夜空には天の川が横切り、砂浜のような星空が続いていた。その下で羊一頭をさばいてバーベキューにする。

当然のことながら彼らは日本語が話せず、僕らもモンゴル語は分からない。頼りは片言の英語と、なによりも音楽だった。誰かが「これ知ってるか」とギターを弾き、一緒に歌い始める。

そうやって深夜の草原で行われたパーティの最後がジョン・レノンの『イマジン』だった。満点の星空の下でほろ酔い加減でみんなで肩を組みながら歌うのだ。

モンゴルでは2000年代に入って土地所有制度が導入されたものの、当時は私有制がなかった。

誰のものでもない草原の上で政治も宗教も超えた人たちが音楽で結ばれた時間を過ごしていた。

それは『イマジン』の歌詞そのもののようだった。

1980年代末期から90年代の初めにかけて東欧の社会主義圏で広がった民主化の波を、「ビートルズがレーニンに勝った」と例えたのは評論家の立花隆氏だった。

僕らが行った時、市の中心部に立っていたレーニン像が撤去されたのは、それから20年後の2012年だ。

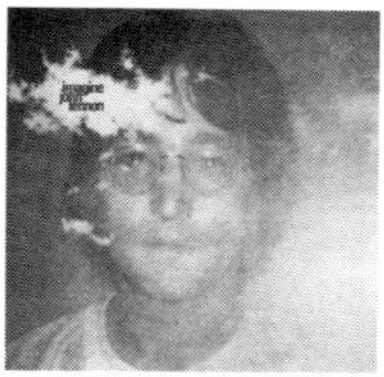
ジョン・レノン
『イマジン』（EMIミュージック・ジャパン）

つまり、ビートルズデビュー50周年の年だった。

彼らの音楽からまだまだ学び続けられる

ビートルズデビュー50周年にちなんだ連載を――。

去年（2012年）の秋にそうした企画の打診があった時、最初は、手に余ると思いますとお答えしたことは連載の1回目に書いた。

ビートルズ研究は日本が世界で最も充実している。書店には基本的なアルバムガイドからドキュメンタリー、レコーディングの詳細などが並び、毎年、新刊が登場する。

そうした研究本とは違う、日本の若者や音楽関係者への影響、どんな風に受け継がれてきたかをたどるというのがこの連載の趣旨だった。

取材を含めて、それは極めて楽しい時間になった。世間的にはビートルズとは縁遠いと思われていた人が実は熱烈なファンだったり、改めて心酔していたりする。

そんな出会いや発見は、今も続いている。5月になってから新作アルバムのインタビュー取材で会ったゆずの北川悠仁もそんな一人だった。

「今までも作品としての憧れはあったんですが、今回、やっと形に出来たという感じなんです」

彼らのアルバム『LAND』は、『ストロベリー・フィールズ・フォーエバー』や『サージェント・ペパーズ・ロンリー・ハーツ・クラブ・バンド』の頃のビートルズを意識したアルバムだった。

彼は、こう言った。

「中期ビートルズやビーチ・ボーイズのアルバム『ペット・サウンズ』とかは好きで聴いていたんですね。でも、今やるのは格好悪いだろうと思ってたんですよ。やっても、『ハイハイ、あれね』みたいに終わってしまいそうで。今回、『LAND』という曲を作ってるうちにサイケデリックな感じになってきて、今ならやれるかな、と思ったんです。去年(2012年)、デビュー15周年のライブやベストアルバムを出せて、それまで背負ってきた何かを手放せた気がした。楽になりましたね。ここからまたゆずの新しいオリジナルを追求したいと思えるようになったからでしょうね」

路上の弾き語りフォークとして新しい時代を切り開いたのがゆずだ。でも、彼らの音楽が単なる生ギターフォークに止まらないことはすでに証明済みだ。ロックバンド顔負けの激しいビートからダンスミュージックまで彼らの音楽の幅は広い。その根底にもビートルズがあった。一見唐突とも思える組み合わせは、僕の中で重な

ゆず
『LAND』(トイズファクトリー)

り合った。

そのキーワードが〝自由〟だった。

体験の継承――。

この連載の最初に登場した財津和夫の話の中に、こんな言葉があった。

「ビートルズが好きという若い人たちは多いでしょうけど、一緒に成長してきた人とはやっぱり理解が違うと思うんですよ。リアルタイムで体験した人たちにとっては、僕らが第二次世界大戦を語るようなものかもしれませんね」

今もビートルズを聴き続けている。ビートルズしか聴かないという人も多いはずだ。

そういう方達にこの連載はどんな風に読まれていたのだろうと思う。

ただ、少なくともこれだけは言える。

ロックやポップスの好きな人でビートルズが嫌いな人はいない。

そして、ビートルズが教えてくれたことは、まだまだ尽きていないということだ。

書籍版への「あとがき」

音楽の不思議――。

書籍化にあたってのゲラを読み直して、あらためてそんな感慨を感じている。

連載が始まった時に取材したいと思う関係者やアーティストの名前は漠然と浮かんでいた。ただ、明確にいくつかの世代を辿ってみようと思うようになったのは取材が始まってからだ。それぞれのアーティストや関係者の話が、次の登場人物を決めてくれたと言って良い。そして、そういうイメージや予測が、まるで計算されたかのように繫がっていったのだ。

例えば、ＣＨＡＧＥがチューリップを「ビートルスのようだ」と思って聴いていたということがある。そして、井上陽水に対しても同じような感想を持っていた。その井上陽水がビートルズのファンクラブに入っていて、そもそもの音楽の原点にザ・フォーク・クルセダーズとビートルズがいた。１９４０年代生まれの井上陽水や70年代生まれのＧＬＡＹのＴＡＫＵＲＯがやはりファンクラブというキーワードで繫がっていく――。

一つの音楽が、時を超えてつながりながら河の流れのように大きくなって行く。

それぞれの世代によって変わってくる受け止め方は、そんな変化を物語っていないだろうか。

実を言うと、書籍化が決まった時、一つだけあった躊躇は時間だった。連載から5年という時間が、どんな風に読まれるだろうというかすかな懸念。ビートルズという存在や彼らの音楽が色あせることはないだろうが、世の中の状況の変化次第によっては、内容がそぐわなくなってしまったりしないだろうか。

その判断は読者に委ねるとしても、ビートルズがどんな風に聴かれてきたかという趣旨は伝わるのではないだろうか、なぜ彼らが時を超えて聴かれているかのヒントにはなるのではないだろうかと改めて思えた。

２０１７年はデビュー55周年である。でも、50年より55年。55年より60年と時が重なるにつれて評価が高まって行く。優れた音楽に寿命はない。それこそがビートルズが教えてくれたことではないだろうか。

ポール・マッカートニーは、２０１３年の連載終了後、11年ぶりに日本にやってきた。その翌年、２０１４年に体調不良で公演を中止した時は、もう見られないかもしれなと覚悟を決めたファンも少なくなかっただろう。でも、２０１７年の公演は、ビートルズストーリーがまだまだ進行形であることを証明していた。

音楽に国境も年齢もない。

彼らは、今もそう教えてくれている。

連載時の担当だった西日本新聞文化部編集委員、塩田芳久、書籍化を進めてくれたアルファベータブックス編集部、春日俊一両氏、取材と書籍化を承諾してくれたアーティストや関係者、そして、この本を手にとって下さった貴方に心から感謝を記しておきたいと思う。

田家秀樹

2017年10月5日

ビートルズと日本の音楽シーンの変遷史

アルファベータブックス編

年号	ビートルズ関連	日本の音楽シーン
1957（昭和32）年	3月、ジョン・レノンがリバプールでバンド「クオリーメン」（ザ・ビートルズの前身となるバンド）結成。ジョン・レノンがポール・マッカートニーと出会いバンドに誘う。 10月、ポール・マッカートニーがクオリーメンに加入して初ステージ。	『喜びも悲しみも幾歳月』若山彰、『バナナ・ボート』浜村美智子、『俺は待ってるぜ』石原裕次郎、『東京だよおっ母さん』島倉千代子、『港町十三番地』美空ひばりなどがヒット。
1958（昭和33）年	3月、ジョージ・ハリスンがギタリストとしてクオリーメンに加入。 7月、クオリーメンで自主製作盤のレコーディング。	『嵐を呼ぶ男』石原裕次郎、『夕焼けとんび』三橋美智也、『監獄ロック』小坂一也、『ダイナマイトが150屯』小林旭、『星は何でも知っている』平尾昌章などがヒット。ロカビリーが流行る。平尾昌章、ミッキー・カーチス、山下敬二郎のロカビリー三人男がデビュー。2月には、ロカビリーの祭典「第一回日劇ウエスタン・カーニバル」が開催。
1959（昭和34）年	8月、クオリーメン、リヴァプールの「カスバ・コーヒー・クラブ」にレギュラー出演。	『夜霧に消えたチャコ』フランク永井、『南国土佐を後にして』ペギー葉山、『古城』三橋美智也、『キサス・キサス・キサス』ザ・ピーナッツ、『ギターを持った渡り鳥』小林旭などがヒット。 6月、フジテレビ『ザ・ヒット・パレード』が放送開始。

1960（昭和35）年	1月、スチュアート・サトクリフ（通称スチュ）がベーシストとしてクオリーメンに加入。スチュのアイデアでバンド名をクオリーメンからビートルズに改名、その後、さらにシルバー・ビートルズに改名。 8月、シルバー・ビートルズにピート・ベストがドラマーとして加入。バンド名をビートルズと正式に改名。ドイツのハンブルグで初の遠征ライブを行い、人気バンドになる。	『ズンドコ節』小林旭、『霧笛が俺を呼んでいる』赤木圭一郎、『誰よりも君を愛す』松尾和子&和田弘とマヒナスターズ、『アカシアの雨が止む時』西田佐知子、『あれが岬の灯だ』橋幸夫などがヒット。 ジミー・ジョーンズのヒット曲『Good Timin』を漣健児が訳詞、坂本九が歌った『ステキなタイミング』が発売しヒット。この頃から、海外のヒット曲を日本語で歌う、カバー・ポップスが流行り始め、63年ごろまで続く。
1961（昭和36）年	2月、スチュが画家になるために脱退、ポールがベーシストになる。 6月、ビートルズ初の正式レコーディング。 11月、ブライアン・エプスタインがビートルズの正式なマネージャーに就任。	『君恋し』フランク永井、『東京ドドンパ娘』渡辺マリ、『硝子のジョニー』アイ・ジョージ、『銀座の恋の物語』石原裕次郎・牧村旬子、『王将』村田英雄、『上を向いて歩こう』坂本九、『コーヒー・ルンバ』西田佐知子、『ラストダンスは私に』越路吹雪などがヒット。 スパイダースがデビュー・ライブ。
1962（昭和37）年	4月、ビートルズの公式ファンクラブが発足し、ファンクラブのイベントに出演。 4月、スチュアート・サトクリフが脳出血で死去。 8月、リンゴ・スターがドラマーで加入。ピート・ベストは解雇される。 8月、ジョン・レノンがシンシア・パウエルと結婚。 10月5日、イギリスにてビートルズのデビューシングル『ラヴ・ミー・ドゥ』が発売され、全英チャートで最高17位を記録。	『いつでも夢を』橋幸夫・吉永小百合、『琵琶湖周航の歌』ペギー葉山、『山男の歌』ダーク・ダックス、『ハイそれまでヨ』植木等、『遠くへ行きたい』ジェリー藤尾などがヒット。 ツイストが流行る。 コニー・フランシスの61年のヒット曲『Pretty Little Baby』を漣健児が訳詞、中尾ミエが歌った『可愛いいベビー』が100万枚を超える大ヒット。ジーン・ピットニーの61年の曲『ルイジアナ・ママ』を漣健児が訳詞、飯田久彦が歌い大ヒット。

1963（昭和38）年	1月11日、2枚目のシングル『プリーズ・プリーズ・ミー』発売。 2月、ビートルズ初の全英ツアー。『プリーズ・プリーズ・ミー』が音楽誌等で初のチャート1位を記録。 3月、アルバム『プリーズ・プリーズ・ミー』発売。 4月、シングル『プリーズ・プリーズ・ミー』で初のシルバーディスク受賞（25万枚）。 4月11日、3枚目のシングル『フロム・ミー・トゥ・ユー』発売。 8月23日、シングル『シー・ラブズ・ユー』発売。 9月、活動の拠点をロンドンに移す。ローリング・ストーンズと初競演。 11月4日、イギリス王室主催のロイヤル・バラエティ・ショーに出演（ジョンの宝石発言「安い席のみなさんは手拍手をお願いします。高い席の方は宝石をジャラジャラ鳴らして下さい」が話題に）。 11月22日、アルバム『ウィズ・ザ・ビートルズ』発売。 11月29日、シングル『アイ・ウォント・トゥ・ホールド・ユア・ハンド（抱きしめたい）』発売。 12月26日、アメリカでのメジャーデビューとなるシングル『アイ・ウォント・トゥ・ホールド・ユア・ハンド（抱きしめたい）』発売。	『こんにちは赤ちゃん』梓みちよ、『見上げてごらん夜の星を』坂本九、『高校三年生』舟木一夫、『長崎の女』春日八郎、『ホンダラ行進曲』ハナ肇とクレージーキャッツ、『若い季節』ザ・ピーナッツ、『学園広場』舟木一夫などがヒット。 3月、ブルー・ジーンズの内田裕也が『ひとりぼっちのジョニー』でソロ・デビュー。 6月、坂本九の『上を向いて歩こう』が、『SUKIYAKI』として日本人初、アジア圏初の全米ナンバー1に輝く。

1964(昭和39)年	1月、『アイ・ウォント・トゥ・ホールド・ユア・ハンド(抱きしめたい)』が全米1位になり、発売2週間で100万枚を突破する。 2月、ビートルズ、アメリカ上陸。人気テレビ番組『エド・サリヴァン・ショー』に出演。ワシントン・コロシアムとカーネギー・ホールにて公演。 3月20日、シングル『キャント・バイ・ミー・ラヴ』発売。 4月、ビートルズが全米チャートの1位から5位を独占。 7月、ビートルズ初の主演映画『ア・ハード・デイズ・ナイト』が公開。日本でも8月に『ビートルズがやって来る ヤァ!ヤァ!ヤァ!』という邦題で公開される。 7月10日、同名映画のサウンドトラックアルバムと同名シングル『ア・ハード・デイズ・ナイト(ビートルズがやって来る ヤァ!ヤァ!ヤァ!)』発売。 8月、ビートルズ初の大掛かりな北米ツアー。 10月16日、シングル『イフ・アイ・フェル』発売。 10月、全英ツアー。 11月27日、シングル『アイ・フィール・ファイン』発売。 12月4日、アルバム『ビートルズ・フォー・セール』発売。	2月5日、ビートルズの日本でのデビューシングルとなる『アイ・ウォント・トゥ・ホールド・ユア・ハンド(抱きしめたい)』発売、その後1週間と経たないうちに2枚目のシングル『プリーズ・プリーズ・ミー』発売。 『明日があるさ』坂本九、『君だけを』西郷輝彦、『幸せなら手をたたこう』坂本九、『アンコ椿は恋の花』都はるみ、『柔』美空ひばりなどがヒット。 4月、日本人による最初のビートルズのカバー曲、スリー・ファンキーズの『抱きしめたい』が発売。 4月下旬、東京ビートルズの『抱きしめたい』と『プリーズ・プリーズ・ミー』のシングル盤がビクターから発売。

1965(昭和40)年	2月11日、リンゴ・スターがモーリーン・コックスと結婚。 4月9日、シングル『チケット・トゥ・ライド(涙の乗車券)』発売。 6月、ヨーロッパ・ツアー(フランス、イタリア、スペイン)。 7月、ビートルズ2作目の主演映画『ヘルプ!』が公開。 7月23日、シングル『ヘルプ!』発売。 8月6日、アルバム『ヘルプ!』発売。 8月、2回目の全米ツアー。 9月、『イエスタデイ』がアメリカと日本で大ヒット。 10月、エリザベス女王からMBE勲章授与。 12月、最後となるイギリス・ツアー。 12月3日、アルバム『ラバー・ソウル』発売。シングル『ウィ・キャン・ワーク・イット・アウト(恋を抱きしめよう)／デイ・トリッパー』(両A面)発売。	『君といつまでも』加山雄三、『涙くんさようなら』マヒナ・スターズ、『兄弟仁義』北島三郎、『ねむの木の子守唄』吉永小百合などがヒット。 ベンチャーズが『パイプライン』『キャラバン』などでヒットを放ち、日本にエレキ・ブームを巻き起し、寺内タケシのブルー・ジーンズや加山雄三のランチャーズなどのベンチャーズ・スタイルのバンドが登場。 ビートルズの登場でカバーポップスを断念した草野浩二が65年に「和製シルビー・バルタン」として奥村チヨをデビューさせる。 1月、ベンチャーズのライブ盤『ライブ・イン・ジャパン』発売。当時ビートルズの日本デビューアルバム『ビートルズ!』の10倍のセールスを記録。 5月、スパイダースが『フリフリ』でデビュー。 6月、フジテレビで『勝ち抜きエレキ合戦』放送開始。 8月、ザ・フォーク・クルセダーズが結成。 12月、加山雄三主演の映画、若大将シリーズの第6弾『エレキの若大将』が公開。
1966(昭和41)年	1月21日、ジョージ・ハリスンがパティ・ボイドと結婚。 5月1日、イギリス国内最後となるコンサート、NMEポールウィナーズ・オールスターコンサート出演。 6月、ビートルズ最後となるワールドツアー。 6月10日、シングル『ペイパーバック・ライター』発売。	『霧氷』橋幸夫、『星影のワルツ』千昌夫、『恍惚のブルース』青江三奈、『バラが咲いた』マイク真木、『霧の摩周湖』布施明、『悲しい酒』美空ひばり、『夕陽が泣いている』スパイダースなどがヒット。 7月1日のビートルズの武道館公演(昼の部)を日本テレビが録画し、同日の21時から1時間番組として放送。

	1967(昭和42)年
6月30日~7月2日、ビートルズ最初で最後となった日本公演を、日本武道館(計5回)にて開催。 8月5日、アルバム『リボルバー』発売。シングル『イエロー・サブマリン／エリナー・リグビー』(両A面)発売。 8月12日~29日、最後となるアメリカ・ツアー。 8月29日、全米ツアー最終日、サンフランシスコの野球場「キャンドルスティック・パーク」にて公演。これがビートルズ最後の公演となる。	2月10日、シングル『ストロベリー・フィールズ・フォーエバー／ペニー・レイン』(両A面)発売。 6月1日、アルバム『サージェント・ペパーズ・ロンリー・ハーツ・クラブ・バンド』発売。 7月7日、シングル『オール・ユー・ニード・イズ・ラブ(愛こそはすべて)』発売。 8月27日、ビートルズのマネージャーのブライアン・エプスタインが薬物の過剰摂取のため死去。 11月24日、シングル『ハロー・グッドバイ』発売。 11月27日、同名テレビ映画のサウンドトラックアルバム『マジカル・ミステリー・ツアー』発売。 12月26日、テレビ映画『マジカル・ミステリー・ツアー』放送。酷評される。
	『ブルー・シャトー』ジャッキー吉川とブルー・コメッツ、『この広い野原いっぱい』森山良子、『真赤な太陽』美空ひばり・ブルー・コメッツ、『君だけに愛を』ザ・タイガースなどがヒット。 12月、高嶋弘之が世に送り出したザ・フォーク・クルセダーズのデビュー曲『帰ってきたヨッパライ』が大ヒット。 ビートルズ来日が火を付けたGS(グループ・サウンズ)が流行り、タイガース、テンプターズ、ワイルド・ワンズ、ジャガーズ、ゴールデン・カップス、モップスなど、続々と登場。 キングストン・トリオやピーター・ポール&マリーに影響されて日本でもフォークソングが流行。ザ・フォーク・クルセダーズや岡林信康らを中心にした関西フォークがまず流行る。

1968(昭和43)年	1月、4人のソロ活動が本格化へ。 2月、マネージャー、ブライアン・エプスタインの急死を経たビートルズが自分たちの会社、アップル・コアを設立。初のインディペンデントレーベルが誕生。 2月15日〜4月12日、インドへ瞑想修行に出かける。 3月15日、シングル『レディ・マドンナ』発売。 7月15日、アニメーション映画『イエロー・サブマリン』公開。 8月26日、シングル『ヘイ・ジュード』発売。9週連続全米1位。ビートルズの最大のヒットになる。 11月22日、アルバム『ザ・ビートルズ』(ホワイト・アルバム)発売。	『三百六十五歩のマーチ』水前寺清子、『花の首飾り』タイガース、『伊勢佐木町ブルース』青江三奈、『エメラルドの伝説』ザ・テンプターズ、『ブルー・ライト・ヨコハマ』いしだあゆみ、『受験生ブルース』高石友也などがヒット。 2月、ザ・フォーク・クルセダーズの『イムジン河』が直前で発売中止。 10月、ザ・フォーク・クルセダーズ解散。
1969(昭和44)年	1月17日、同名アニメーション映画のサウンドトラックアルバム『イエロー・サブマリン』発売。 1月30日、映画『レット・イット・ビー』の撮影のためアップル・ビル屋上でゲリラライブ(ルーフトップコンサート)。これがビートルズ最後のライブとなる。 4月11日、『ゲット・バック』発売。 5月30日、『バラード・オブ・ジョン・アンド・ヨーコ(ジョンとヨーコのバラード)』発売。 9月26日、バンドとしての実質的な最後のオリジナルアルバム『アビイ・ロード』を発売。 10月31日、『サムシング／カム・トゥゲザー』(両A面)発売。	『いいじゃないの幸せならば』佐良直美、『夜明けのスキャット』由紀さおり、『長崎は今日も雨だった』内山田洋とクールファイブ、などがヒット。 財津和夫が、チューリップでデビューする前に吉田彰とともにフォー・シンガーズというグループでヤマハ・ライト・ミュージック・コンテストに出場し、6位入賞。1位は赤い鳥、2位はオフコース。 2月、関西フォークの拠点、インディーズの原型、URC(アングラレコードクラブ)が発足。 8月、第一回全日本フォーク・ジャンボリー開催。 9月、第一回日本ロック・フェスティバル開催。同月、井上陽水が、RKB毎日放送に自作のテープを持ち込んだ曲『カンドレ・マンドレ』でデビュー。その時の芸名はアンドレ・カンドレ。

1970(昭和45)年	3月6日、最後のシングルとなる『レット・イット・ビー』発売。 4月10日、ポール・マッカートニーがイギリスの大衆紙『デイリー・ミラー』でビートルズからの脱退を発表。 5月8日、最後のアルバムとなる『レット・イット・ビー』が発売(アメリカは5月18日、日本は6月5日)。 12月30日、ポール・マッカートニーがロンドン高等裁判所に、アップル社、および他の3人のメンバーを相手取り、ビートルズの解散、そしてアップル社における共同経営関係の解消を求める訴えを起こす。	『黒ネコのタンゴ』皆川おさむ、『ドリフのズンドコ節』ザ・ドリフターズ、『圭子の夢は夜ひらく』藤圭子、『女のブルース』藤圭子などがヒット。 3月、RCサクセションのデビュー・シングル『宝くじは買わない』が発売。 6月、よしだたくろう(吉田拓郎)がシングル『イメージの詩』でデビュー。 8月、第二回全日本フォーク・ジャンボリー開催。同月、その後の日本のロック、JPOPに大きな影響を与える細野晴臣、大滝詠一、松本隆、鈴木茂のバンドはっぴいえんどがアルバム『はっぴいえんど』でデビュー。
1971(昭和46)年	3月12日に、ロンドン高等裁判所は昨年12月30日ポール・マッカートニーの訴えを認め、さらに他のメンバー3人は上告を断念、これによりビートルズの解散が決定的となる。	『わたしの城下町』小柳ルミ子、『知床旅情』加藤登紀子、『また逢う日まで』尾崎紀世彦、『傷だらけの人生』鶴田浩二などがヒット。 4月、フラワー・トラベリン・バンドのアルバム『SATORI』が日本、カナダ、アメリカで同時発売。カナダでチャート第1位、EL&Pと共演など、海外でも高く評価される。 スパイダース、テンプターズ、タイガースが解散。

※本年表参考文献・ウェブサイト：『ビジュアル版　ザ・ビートルズ全史』(日経BP社)、『証言！日本のロック70's』(アルテスパブリッシング)、「年代流行」(http://nendai-ryuukou.com)、「ビートルズが教えてくれた」(『西日本新聞』・2012年12月～13年6月連載)

【著者略歴】
田家秀樹（たけ・ひでき）
1946年、千葉県船橋市生まれ。1969年、タウン誌のはしりとなった『新宿プレイマップ』創刊編集者を皮切りに、『セイ!ヤング』などの放送作家、若者雑誌編集長を経て音楽評論家、ノンフィクション作家、放送作家、NACK5、FM COCOLO、TOKYOFM、BAY FMで音楽番組のパーソナリティー。『毎日新聞』など、新聞・雑誌・Webでレギュラー執筆中。日本のロック・ポップスを創成期から見続けている一人。
主な著書に、『陽のあたる場所〜浜田省吾ストーリー』『オン・ザ・ロード・アゲイン〜浜田省吾ツアーの241日』（角川書店・文庫）、『読むJ-POP〜1945-2004』（朝日文庫）、『小説・吉田拓郎〜いつも見ていた広島』（小学館）、『70年代ノート』（毎日新聞）、『永遠のザ・フォーク・クルセダーズ〜若い加藤和彦のように』（ヤマハミュージックメディア）など多数。

ビートルズが教《おし》えてくれた

発行日　2017年10月5日　初版第1刷

著　者　田家秀樹

発行人　茂山和也
発行所　株式会社 アルファベータブックス
〒102-0072 東京都千代田区飯田橋2-14-5 定谷ビル
Tel 03-3239-1850　Fax 03-3239-1851
website http://ab-books.hondana.jp/
e-mail alpha-beta@ab-books.co.jp

印　刷　株式会社エーヴィスシステムズ
製　本　株式会社難波製本
装　幀　Malpu Design（清水良洋）
本文レイアウト　春日友美
編　集　春日俊一
©Take Hideki 2017, Printed in Japan
ISBN 978-4-86598-040-0　C0073

定価はダストジャケットに表示してあります。
本書掲載の文章及び写真・図版の無断転載を禁じます。
乱丁・落丁はお取り換えいたします。

アルファベータブックスの本

演劇に何ができるのか？

ISBN978-4-86598-036-3（17・09）

獄本あゆ美、妹尾伸子、堀切和雅 著

演劇に何ができるのか？ 生を手探りする若者たちとの演劇、歴史にコミットする演劇、魂の救済のための演劇……演劇にできることはまだまだ無限にある！総合芸術ともいわれる演劇の可能性とその意義について、三人の異色の演劇人が語りつくす!!

A5判並製　定価2500円＋税

反－寺山修司論《復刻版》

ISBN978-4-86598-039-4（17・08）

永山則夫 著

死刑執行から20年（1997年8月1日）……。“永山則夫”は今に何を伝えるのか!「犯罪はなぜ生まれるのか」をめぐり「社会」と「個人」で激しく対立した永山の1000枚を超える「反－寺山修司論」（1977年刊）の復刊。

A5判並製　定価3000円＋税

ライナー・ノーツってなんだ!?

ISBN978-4-86598-028-8（17・02）

かまち 潤 著

ライナー・ノーツは必要か、否か……ライナー・ノーツ廃止論が囁かれる一方で、無くては困るという意見も根強い。その実態と現状、是非論について、ライナー・ノーツを70年代から書き続けた著者が、その舞台裏から検証する!!

四六判並製　定価1600円＋税

昭和演歌の歴史

ISBN978-4-86598-023-3（16・11）

その群像と時代

菊池清麿 著

添田啞蟬坊、鳥取春陽、阿部武雄、大村能章、船村徹、遠藤実……そして、昭和三〇年代から四〇年代にかけて、美空ひばりを頂点にした昭和演歌の隆盛の時代を迎えるまでの、その群像と時代、昭和演歌の歴史を綴る。★明治・大正・昭和の日本演歌史年譜（主要ヒット曲一覧入り）付！！

A5判並製　定価3800円＋税

『イムジン河』物語

ISBN978-4-86598-018-9（16・08）

〝封印された歌〟の真実

喜多由浩 著

ザ・フォーク・クルセダーズのレコード発売中止騒動から半世紀。当事者が明かした「本当の舞台裏」。歌の復活劇を描く渾身のドキュメント！ 母国「北朝鮮」で忘れ去られ、数十年も「闇」に閉じ込められた歌は放送禁止歌ではなかった……。貴重な写真と楽譜付。

四六判並製　定価1600円＋税
